관계 속에서 배우는 인간다운 삶

관계 속에서 배우는 인간다운 삶

초판 1쇄 발행 2024. 3. 8.

지은이 곽동일
펴낸이 김병호
펴낸곳 주식회사 바른북스

편집진행 황금주
디자인 김민지

등록 2019년 4월 3일 제2019-000040호
주소 서울시 성동구 연무장5길 9-16, 301호 (성수동2가, 블루스톤타워)
대표전화 070-7857-9719 | **경영지원** 02-3409-9719 | **팩스** 070-7610-9820

•바른북스는 여러분의 다양한 아이디어와 원고 투고를 설레는 마음으로 기다리고 있습니다.

이메일 barunbooks21@naver.com | **원고투고** barunbooks21@naver.com
홈페이지 www.barunbooks.com | **공식 블로그** blog.naver.com/barunbooks7
공식 포스트 post.naver.com/barunbooks7 | **페이스북** facebook.com/barunbooks7

ISBN 979-11-93879-21-4 03190

관계 속에서 배우는 인간다운 삶

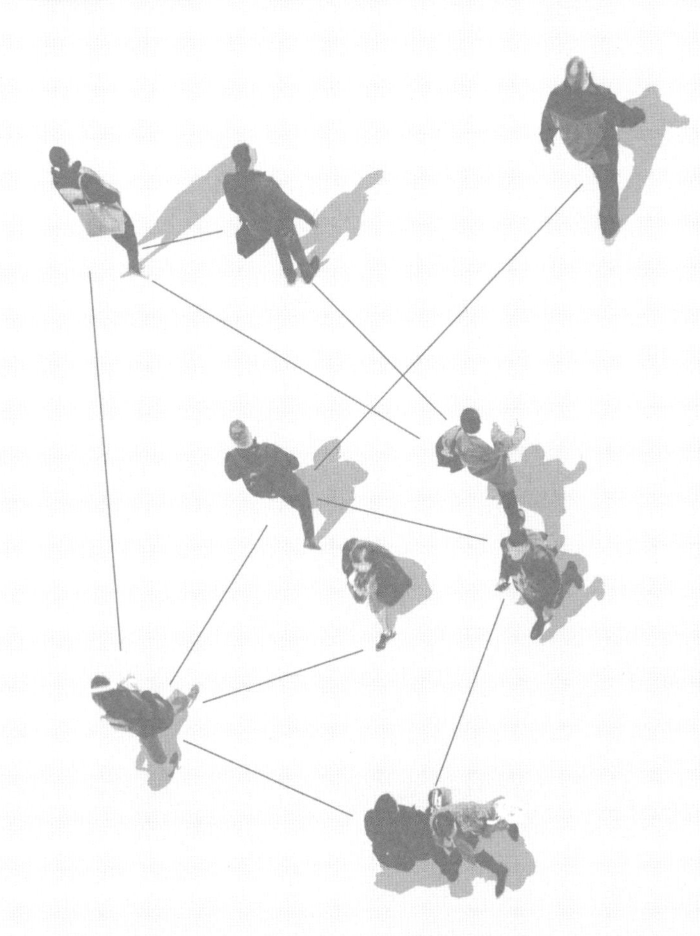

곽동일
지음

인간관계라는 돌다리를 두들긴 다음 건너가야 삶 속의 돌부리에 넘어지지 않는다.

인간관계 덕분에 일어나는 일들과
인간관계 때문에 벌어지는 일들 속에서
쓰러지지 않고 살아가는
방법을 찾아가는 길

바른북스

프롤로그

돌다리를 두들기고 건너야 한다는 속담이 있다. 내가 걸어가는 길이 평온하면 좋지만 탄탄대로만 걷기는 어렵다. 호수를 만나기도, 높은 산을 만나기도, 엉금엉금 기어가야 하는 정글 숲을 만나기도 한다. 산을 오를 때는 위를 보고 걸어가지만 강을 건널 때는 발밑을 보고 건너야 한다. 이때 돌다리가 있다면 더욱 조심해야 한다.

인생에는 여러 돌다리가 존재한다. 어떤 돌다리는 튼튼하여 무너지지 않지만 어떤 돌다리는 무너지기 직전의 돌다리이기에 두들기지 않고서는 잘못 딛고 빠질 수 있다. 많은 돌다리 중에서 인간관계의 돌다리를 잘못 딛는다면 늪지대와 같이 변할 수도 있다.

어떤 돌을 선택할지는 개인의 몫이다. 어떻게 하면 그 선택을 안전하게 할 수 있을까. 한 치 앞도 보이지 않는 인생을 어떻게 잘 건너갈 수 있을까. 이러한 문제들이 우리 삶에 무수히 많이 던져지기에 스스로가 끝없는 해답을 내려야 한다.

인사가 만사다. 인간관계가 모든 일의 핵심이다. 일이 힘들기보다 사람이 힘들다는 말을 많이 한다. 사람 덕분에 치유 받고, 사람 때문에 상처 입는다. 일만 하면 얼마나 쉬운가. 일은 그냥 하면 된다. 프리랜서들을 가장 부러워하는 이유도 특별한 인간관계 없이 독립적으로 혼자 일을 해나가기 때문일지도 모른다. 복잡한 일도 함께하면 어렵지만 잘 풀어나갈 수 있다. 반면에 사람이 힘들면 쉬운 일도 지지부진하여 진도가 나가지 않는다. 사람이라는 장애물이 제일 거대하고, 사람이라는 뒷받침이 제일 강력하다.

인간관계가 걸림돌이 되지 않고 뒷받침이 되려면 어떻게 해야 할까. 돌다리를 두들기는 방법을 알아야 빠지지 않고 잘 걸어가지 않을까. 삶의 수렁에 빠지고 싶지 않다면 이러한 고민은 누구나 하고, 또 해야만 한다.

인간관계를 경시하면 안 된다. 인간관계만큼 중요시해야 하는 일이 없고, 인연 맺기만큼 예민하게 반응해야 하는 일도 없다. 누구를 만나는가에 따라 삶이 정해지고, 누구를 만나지 않는가에 따라 삶의 질이 달라진다. 삶의 질을 높이기 위해, 더 나은 삶을 만들기 위해 관계술을 배워야 한다.

세상에는 나와 맞는 사람도 있지만 나와 전혀 맞지 않는 사람이 있다. 상대를 내 쪽으로 당겨 서로 이어져야 하는데 도저히 엮이고 싶지 않은 인연이 있을 수 있다. 그때를 위해 밀당이 필요하다. 어떤 만남이든 밀당의 기술이 필요하다. 밀고 당기는 과정이 있어야만 서로 다른 선을 하나로 이을 수 있다. 필요한 끈은 당기고 필요 없는 끈은 나와

잇지 않아야 좋은 관계가 유지된다. 밀당을 하고 싶지 않지만 하지 않을 수 없다. 늘 누군가가 내게 줄을 던지고 그 줄을 잡아야만 할 일들이 일어나기 때문이다. 그렇게 받은 줄을 얼마나 잘 당기고, 잘 끊어내는가에 따라 인생이 결정된다.

관계술을 배우기 위해 가장 먼저 해야 할 일은 무엇일까. 첫 번째는 나를 아는 일이다. 내가 누군지 알아야 상대를 알 수 있다. 두 번째는 상대를 이해해야 한다. 사람이 하는 이해는 한정되어 있다. 우리는 누구도 이해할 수 없다. 하지만 우리는 모두를 이해하려고 노력해야 한다. 세 번째는 더불어 살아가야 한다는 사실을 깨달아야 한다. 세상은 혼자 살아갈 수 없다. 함께 해야 멀리 갈 수 있다.

나를 알고, 상대를 이해하고 그렇게 더불어 살아가야 함을 이해한 사람만이 관계 맺기를 시작한다. 나를 알지 못하면, 내가 누군지 모른다면 관계에 끌려간다. 관계란 줄다리기와 같다. 내가 얼마나 당기고 미는가를 잘하느냐에 따라 달라진다. 내 힘을 알지 못하고, 내 장점을 알지 못하고, 내 단점을 알지 못하고, 나를 알지 못하면 늘 지는 싸움만 한다. 싸움에 지고, 체력도 잃고, 자신감도 잃고, 자존감도 잃는다.

상대를 이해하지 못하면 늘 탓을 한다. 잘되면 내 탓이요, 안되면 상대 탓이다. 상대가 가진 전반적인 이유를 이해하지 못하기에 상대의 인성이나 특성과 같이 상대 자체를 탓한다. 줄다리기가 준비되면 시작해야 하는데 준비도 안 된 상대를 이겨놓고 상대 탓을 한다. 이해가 안 되니 게임의 조건이 갖추어지지도 못한다.

더불어 살아간다는 사실을 잊어서도 안 된다. 줄다리기를 왜 하는가. 상대를 짓밟기 위해서 할까. 아니다. 줄다리기는 상대와 함께 즐기기 위해서 한다. 적절한 선을 맞춰가며 당기거나 밀면서 더불어 웃고 즐긴다. 경쟁이 있을 수도 있지만 끝에는 서로 예의를 지키며 행복하게 마무리한다. 우리의 줄다리기는 더불어 살아가기 위해 하는 일이다.

인과 의 그리고 예

공자는 인(仁)과 의(義) 그리고 예(禮)에 대해 강조하였다. 이렇게 단어로만 보면 어렵다고 느껴지지만 사실 간단한 이야기다.

첫째, 인(仁)이란 너그러운 태도이다. 불쌍한 사람에게 빵을 한 조각 건네주는 것이 인(仁)이다.

둘째, 의(義)는 올바름을 의미한다. 전체가 생각하는 올바름의 방향으로 함께 가야 한다. 물건을 훔치면 안 된다. 이는 올바르지 않기 때문이다. 그래서 불의를 행하지 않아야 한다. 누구도 물건을 훔치는 사람을 옳다고 여기지 않는다.

셋째, 예(禮)는 간단하다. 인간관계의 선을 지키면 예(禮)를 지킨다고 말한다. 각자가 가진 선을 지키고, 타인의 선을 침범하지 않아야 한다.

너그러운 태도로 정의롭게 살고, 타인의 선을 침범하지 않고 양보할 때 우리는 좋은 인간관계를 바탕으로 편안한 삶을 살아간다. 고전은 생각보다 어렵지 않다. 사람답게 살기 위한 선조들의 검증된 조언서일 뿐이다. 그때도 사람이 살았고 지금도 사람이 살아간다. 환경이 변했을 뿐이지 사람은 변하지 않는다.

우리가 간과한 돌다리

우리가 간과하며 살아갔던 부분을 다시금 깨달아야 한다. 무언가를 간과한다는 건 큰 관심 없이 대충 보고 넘기는 일이다. 관심을 갖지 않기에 제대로 살피지 않고 안일하게 넘기는 경우가 많다. 시험공부를 할 때 대충 본 부분이 시험에 나왔을 때 아무리 생각해도 기억나지 않는 것처럼 삶의 한 부분을 대충 보고 넘기면 언제 어디서 문제가 생길지 모른다.

우리가 두들기지 못한 돌다리들을 다시 살펴야 한다. 지금까지는 무너지지 않고 용감하게 달려갔지만 이제는 조심해서 위험지역에는 발을 디디지 않도록 지혜롭게 살아야 한다. 좌충우돌하며 살기엔 너무나 아프다. 한 번 빠지더라도 다시 건져 나올 수 있는 지지대가 있으면 덜 힘들다. 그 지지대가 바로 지혜이고, 그 지혜를 얻기 위해 우리는 공부한다.

좋은 글이 되려면 글에 육하원칙이 포함되어야 한다. '누가, 언제, 어디서, 무엇을, 어떻게, 왜'라는 여섯 가지의 5W1H를 지켰을 때 좋은 글이 된다. 인간관계도 마찬가지다. 인간관계를 왜 맺어야 하고, 인간관계를 맺으려면 무엇을 해야 하고, 누구와 언제 어디서 해야 하고, 어떻게 해야 하는지를 알아야 내 인간관계도 좋은 방향으로 변한다.

인생은 혼자 살아갈 수 없다. 관계 맺을 수밖에 없고, 관계 맺어질 수밖에 없다. 그렇다면 누구와 만날 것인가. 그에 대한 올바른 기준이 있는가. 어떻게 관계를 맺어야 하는가. 모두와 함께 해야 하는가? 인간관계의 시작은 무엇인가. 무엇부터 해야 하는가. 대체 왜 우리는 관계 맺으며 살아가야 하는가. 나는 상대방이 누군지 아는가? 그 전에 나에 대해 아는가? 이런 질문에 대해 답을 내릴 수 있는 시간이었으면 좋겠다.

시작이 반이다

공자께서 말씀하셨다. "비유하자면 산을 쌓다가 한 삼태기의 흙이 모자라는 상황에서 그만두었다 하더라도 그것은 내가 그만둔 것이다. 또한 비유하자면 땅을 평평하게 하기 위해 한 삼태기의 흙을 갖다 부었어도 일이 진전되었다면 그것은 내가 진보한 것이다."

시작은 미약하나 끝은 창대하리라. 모두의 시작은 미약하고 조그맣고 사소하다. 태어나면서 말하는 사람 없고, 처음 하는 일에 능숙한 사람 없다. 천리 길도 내가 내딛는 한 걸음부터 시작한다. 미약한 시작일지라도 시작이 반이듯 어떤 일이든 시작이 중요하다. 산을 쌓다가 한 줌의 흙이 모자란 상태일지라도 그만두면 내가 그만둔 것이고, 땅을 평평하게 만들려고 흙을 한 삼태기 쌓았어도 일이 진전되었다면 그 또한 나아감이다. 일이 완성되기 전까지 멈추지 말고, 가야 할 길이 멀지라도 두려워하지 말고 내디디라는 공자의 응원이다.

정저지와(井底之蛙)라는 고사성어가 있다. 우물 속 개구리는 우물의 넓이만 알고 세상의 광활함을 모른다. 사람도 마찬가지다. 누구나 태어나서 각자가 가진 틀과 시각 안에 갇혀 있다. 보고 들은 것이 적기에 선택지로 떠오르는 문항이 적다.

견문이 좁기에 다양한 문제들에 비슷한 답밖에 내리지 못한다. 아는 게 부족하여 매일 같은 돌에 걸려 넘어진다. 그러한 선택지를 늘리기 위해 끝없이 공부해야 한다. 『논어』의 첫 구절에 답이 있다. 배우고 때에 맞게 익히니 어찌 기쁘지 아니한가. 내가 무언가를 배우고, 때에 맞는 공부를 통해 선택지를 넓히니 보다 나은 선택을 할 수 있어 즐거워진다. 같은 돌다리에 걸려 넘어지지 않게 된다.

견문이란 보고 들은 것들이다. 살면서 어떤 것을 보고, 어떤 것을 듣는가에 따라 내 견문의 크기가 결정된다. 견문을 넓히려면 많이 배워야 한다. 시간을 알려면 1에서 12까지의 숫자를 알아야 한다. 1과 2만 안다고 해서 시계를 볼 수 없다. 전체를 공부하지 않으면 결국 좁은 상태 그대로 살아가게 된다.

성공한 많은 사람들이 독서에 힘쓴 이유는 간단하다. 모르는 것을 알기 위해서이다. 내가 모르는 분야, 불안정하고 불확실한 곳에서 나름의 등불을 밝히기 위해서이다. 시험을 볼 때 많이 공부한 학생은 5지선다를 2지선다로 만든다. 답이 아닌 선택지를 골라내고 난 다음 남은 선택지로 선택을 하기에 50%의 확률을 가진다. 반면 공부하지 않으면 5개의 선택지 중에서 선택을 하기에 20%의 확률밖에 되지 않는다.

올바른 선택지를 늘리고, 틀린 선택지를 버리기 위해 공부한다. 그러기 위해 알아야 하고, 그를 위해 독서하고 경험하고 배우며 살아야 한다. 박학하여 다식해야 한다. 넓게 공부하여 많이 알아야 한다. 그렇게 했을 때 우리는 올바른 선택을 내릴 수 있다.

> 學而不思則罔, 思而不學則殆
>
> 배우고 생각하지 않으면 허망함이요, 생각만 하고 배우지 않으면 위태롭다.
>
> – 『논어』 「위정 15장」 –

배웠으면 생각해야 흐려지지 않는다. 생각을 하기 위해서는 배움이 필요하다. 배움과 생각은 상호 보완적인 관계다. 책을 읽으면 생각을 해야 한다. 질문을 던지고 그에 대한 답을 찾아가는 시간이다. 나는 무슨 질문을 던지고 어떤 답을 내리는가. 의문에 대한 답을 하나라도 얻어 가면 좋겠고, 새로운 의문을 하나라도 던져봤으면 더 좋겠다.

인간관계의 육하원칙을 배워서 삶에 적용하고 더 이상 관계 때문에 힘들어하지 않았으면 좋겠다. 책을 읽으면서도 힘들어하지 않았으면 좋겠다. 뷔페에 온 것처럼 맛있는 것만 골라서 먹어야 만족스러운 식사가 된다. 모든 메뉴를 하나씩 다 먹으면 체한다. 지혜로운 독서로 지혜로운 인간관계를 맺으며 지혜로운 사람이 되는 길을 걸어갔으면 좋겠다.

“

목차

3. 누구와 만나야 하는가

4. 어떻게 해야 하는가

5. 내가 놓친 돌다리들에 대하여

1

왜
관계 맺어야
하는가

——— 왜 해야 하는가를 모르면 무엇을 해야 할지 모르고, 어떻게 해야 할지 모른다. WHY? 왜 관계 맺어야 하는가?

명확한 이유를 알아야 분명하게 나아갈 수 있다. 분명하지 않고 흐릿하면 길을 가기 어렵다. 왜 가야 하는지를 알아야 차에 시동을 건다. 무엇을 해야 할지 알아야 액셀을 밟는다. 누구와 함께 가야 하는지 알아야 힘들 때 운전석을 맡길 사람을 구한다. 언제 어디서 만날지 알아야 늦지 않게 출발한다. 어떻게 할지를 알아야 내비게이션을 켜고 목적지를 설정한 다음 운전대를 잡는다.

자동차를 타고 갈 때 세상의 때가 묻은 유리창을 닦을 와이퍼와 내가 갈 길을 비추는 헤드라이트를 꼭 점검해야 한다. 안개가 많이 낀 길을 자동차로 가려면 헤드라이트를 켜야 한다. 세상 전부를 비추는 빛이 아니라 내가 가야 할 방향만 비출 수 있는 헤드라이트면 된다. 앞이 밝아도 내가 볼 수 있는 창문이 더러우면 안 된다. 늘 청결을 유지할 수 있는 창문닦이가 필요하다.

왜 인간관계를 맺어야 할까. 좀 편하게 살아가기 위함이다. 인간관계 덕분에 일어나는 일들과 인간관계 때문에 벌어지는 일들 속에서 어렵지 않게 살아가기 위함이다. 나는 커피를 마시지 않는다. 다른 이유는 크게 없다. 커피가 쓰기 때문이다. 인생에 달달한 것만 원하기에 커피숍에 가도 초코음료를 시킨다. 굳이 쓴 커피를 마시며 쓴맛을 느껴야 할까. 인생을 쓰게 만드는 관계를 선택하지 않고 달달한 관계를 맺는 것, 그것이 핵심이다.

관계를 맺는 이유는 여러 가지다. 첫째, 인간이라면 관계를 맺으며 살아갈 수밖에 없다. 인간의 정의 자체가 사회적 관계를 이루며 사는 사람이다.

둘째, 불필요한 에너지 낭비를 줄이며 살아야 한다. 더불어 살아가는 삶이지만 모두와 함께할 수는 없다. 한정된 에너지를 어떻게 분배하는가에 따라 관계의 질이나 삶의 질은 하늘과 땅 차이다. 인생을 효율적으로 살기 위해 인간관계를 제대로 맺어야 한다.

셋째, 갈등을 잘 해결하기 위해 관계가 필요하다. 갈등이 일어나지 않을 수는 없다. 서로 사랑하는 부부도 갈등이 있다. 어디에나 있는 갈등을 잘 해결하기 위해 올바른 관계술이 필요하다.

넷째, 관계란 성숙함의 척도이다. 내가 성숙한 정도에 따라 내 관계가 달라진다. 내 수준에 따라 삶이 달라지는 것처럼 관계 또한 마찬가지다. 내가 성숙해지면 성숙한 관계맺음이 되지만, 내가 미성숙하면 미성숙한 관계가 내 발목을 잡는다.

다섯째, 관계는 생존과 연계되어 있다. 사회적 능력이 생존능력과 직결된 세상이다. 사회적 능력을 제대로 기르지 못하면 누구도 살아남을 수 없다. 늘 화내고 이기적으로 행동하는 사람은 관계를 제대로 못 맺는다. 사회생활도 못 하고 혼자 하는 일만 찾을 수밖에 없다. 선택지가 줄어든다는 건 좋은 결과를 낼 수 있는 폭 또한 줄어든다는 말이다.

여러 가지 이유가 있지만 인간관계에 대한 자신의 이유를 찾아야 한다. 왜 굳이 나는 힘들게 인간관계를 맺어야 하는가? 혼자 살면 편한데 말이다. 이유를 알아야 방법을 찾는다. 그 이유에 대해 생각해 보자.

인간의 조건은 관계 맺기

—— 이 세상에 태어난 사람이라면 누구나 사람을 만난다. 집, 학교, 직장 등 다양한 공간에서 인간관계를 맺는다. 갓 태어난 아기는 처음 만나는 부모와 관계를 맺고, 외진 산에 혼자 사는 자연인조차 정신적으로 가족이나 타인을 생각하며 관계 맺고, 물리적으로는 자연과 관계 맺는다. 이 세상 어느 누구도 관계를 맺지 않고 살아갈 수 없다.

관계는 '둘 이상의 주체가 모여 서로 관련되어진 상태'이다. 관계(關係)의 '관(關)'은 '당기다'라는 뜻인데, 이는 멀리 떨어진 물체를 내 쪽으로 끌어당기는 모습이다. '계(係)'는 끈으로 묶는다는 뜻으로 두 개의 다른 줄을 하나로 꼬아 한 줄로 만든 상태이다. 즉, 관계란 멀리 떨어진 사람을 내가 있는 쪽으로 끌어당겨 하나로 잇는 작업이다.

관계란 누구를 끌어당기고 밀어낼 것인가의 문제다. 누구와 함께하고 누구와 멀어져야 하는가. 이 두 가지에 대한 결정이 관계의 시작이다. 그 선택을 위해 많은 경험과 공부를 통해 사람 보는 눈을 기르고 스스로 답을 찾아내어 좋은 관계를 위해 노력한다.

하지만 관계를 시작하기 전에 먼저 해야 할 일이 있다. 첫째, 사람이란 무엇인지부터 알아야 한다. 사람이 만들어가는 매듭이 관계이기 때문이다. 둘째, 나를 알아야 한다. 나를 안다는 건 나를 이해한다는 것과 같다. 나를 이해해야만 상대 이해의 기반을 마련한다.

인간의 정의

국어사전에서 인간에 대해 찾아보면 '생각을 하고 언어를 사용하며, 도구를 만들어 쓰고 사회를 이루어 사는 동물.'이라고 나온다. 인간이라면 첫째는 생각, 둘째는 언어, 셋째는 도구, 넷째는 사회를 이루어야 한다. 이 중에서 하나라도 하지 못하면 인간의 정의에서 벗어난다.

'나는 생각한다. 고로 존재한다.'라고 말한 데카르트는 이 첫 번째 조건을 완성했다. 아무 생각 없이 살면 사는 대로 살게 되기에 생각을 멈추지 않아야 한다. 인간이 기계보다 나은 점은 바로 '생각'이다. 인간은 앉아서 몰디브에서 모히또를 마시는 상상을 할 수 있지만, 기계는 불가능하다. 상상이나 창의, 공상은 생각에서 피어나는 꽃이다. 생각은 우리는 어디로든 데려갈 수 있다.

두 번째 조건은 언어 사용이다. 첫 번째 조건에서 피어난 생각을 다른 사람에게 전달하려면 적절한 수단이 필요하다. 언어는 꼭 말을 의미하지는 않는다. 음성이나 문자와 같은 생각이나 느낌을 전달할 수 있는 수단이라면 무엇이든 가능하다. 언어는 전달을 위함이고, 전달은 내 생각을 다른 사람에게 이해시키기 위함이다.

예를 들어 어떤 남자가 혼자 생각하기에 지금까지 사냥감이 있던 곳은 언덕 근처였다. 혼자 사냥감을 잡는 것은 무리기에 내 옆에 있는 사람이나 내가 속한 부족의 힘이 필요했다. 그렇다고 손가락을 가리키며 소리만 지르기에는 적절하게 소통이 되지 않는다. 이를 설명하기 위해선 적절한 수단이 필요했고, 그렇게 만들어진 언어를 통해 다른 사람들에게 전달되어 확실한 사냥이 이루어진다. 관계에 있어 전달 수단 중 가장 손쉬운 말은 그렇게 성립되고, 잘 설득하고 협력을 이끌어 낸 사람을 좋은 리더라고 말했다. 언어를 잘 사용해야 인간이라고 말한다.

생각과 언어의 조건이 성립이 되면 도구를 활용한다. 주먹보다는 돌이 단단했고, 그냥 돌보다는 떼어낸 돌이 더 쓸모 있었고, 떼어낸 돌보다 돌을 갈았을 때 더 효율적이었다. 도구를 쓰는 일은 그 집단의 힘을 강화시키고, 투입된 노동력보다 더 많은 결과물을 얻기 위함이었다. 이러한 도구도 생각에 의해 탄생되었다, 언어라는 수단으로 전달되어 부족 전체에 퍼져, 부족의 힘이 강화되는 계기가 된다.

이렇게 인간은 생각하여 말하고 도구를 쓰다 보니 어느새 내 부족이 커졌고, 우리 가족만이 아닌 남의 가족들과도 함께 살아가게 되었다. 내 가족만 챙기면 되었는데 부족이 커지며 남의 가족까지 신경 쓰게 된다. 함께 사냥하고 채집하며 생활을 이어나가는 과정을 거치며 마침내 공동체라는 의식이 생겨났다. 공동체 의식을 통해 사회를 이루게 된 인간은 변화하는 환경에서 나를 보호하는 강력한 울타리를 갖게 되었다.

생각하고 말하고, 도구를 쓴다고 모두 사람이 아니다. 제한적이지만 앵무새도 말하고, 침팬지도 도구를 쓴다. 동물도 무리생활을 한다. 이런 동물들과 비교되는 것이 인간이다. 인간이란 '사회를 이루는 존재'다. 앞의 세 가지 조건은 사회를 이루기 위해 필요한 필요조건이다. 인간의 정의에 담긴 사회란 공동생활을 영위하는 집단을 말한다. 공동생활이란 서로 도우며 함께 살아가는 삶이다. 서로 도와가며 함께 관계 맺으며 살아가는 집단 속에서 살아가야만 '인간'이라고 정의 내릴 수 있다. 인간(人間)의 '간(間)'도 '사이'라는 뜻이다. 사람 사이에 있는 사람만이 진정한 사람이라고 부를 수 있다.

사람 인

사람의 뜻을 가진 한자는 세 가지가 있다. 우리가 흔히 아는 사람 인(人)과 부수로 쓰는 사람 인(亻) 마지막으로 어진 사람을 뜻하는 어진 사람 인(儿)이다.

첫 번째 '人'은 올바른 관계를 맺은 두 사람을 말한다. 인간은 사회적 동물이라는 모습을 그대로 나타낸다. 사람 인(人)이라는 글자는 두 사람이 서로 기대어 있는 모습이다. 사람이라는 글자 자체를 보면 관계가 무엇인지 어렴풋이 알게 된다. 한 사람은 기대고 있고, 다른 한 사람은 상대를 받치고 있다.

삶에는 등에 업혀 있는 사람과 그 등을 제공하는 사람으로 나눠진다. 돕는 사람과 도움을 받는 사람이 있다. 이 둘은 정해져 있지 않고 환경이나 상황에 따라 달라진다. 부모가 아이를 돌보지만, 아이가 성장해서 부모를 돌본다. 소대장과 소대원의 관계는 소대원이 전역하면 형과 동생, 혹은 친구로 변한다. 관계는 시간이나 상황에 따라 변하기에 늘 바뀐다는 사실을 유념해야 한다. 내 소대원이었다고 해서 전역하고도 소대원인 것처럼 대하면 그 관계는 유지되지 않는다. 바뀐 시간, 환경에 맞게 관계는 늘 재설정해야 한다.

두 번째 '亻'은 혼자 서 있는 사람이다. 부모 품에 있던 아이가 성장해 성인이 되면 집에서 독립하는데, 이와 같이 혼자 서 있는 사람을 말한다. 홀로 서 있는 것은 좋은데 계속 지속하면 쓰러질 수도 있다. 한 사람은 받치기만 하고, 한 사람은 기대기만 한다면 그 관계는 오랫동안 지속되지 못한다. 함께 살아가려면 상호 도움을 주고받을 수 있는 건강한 관계가 필요하다. 혼자 가면 빨리 가지만 함께 가면 멀리 갈 수 있다는 말이 이 글자를 보면 이해가 가능하다.

세 번째 '儿'은 어진 사람이다. 왜 분리되어 있는데 어진 사람일까. 이는 너와 내가 모두 독립적인 존재로 살아가고 독립한 상대를 인정하고 있는 모습이다. 우리가 최종적으로 사람으로서 가져야 할 인간관계의 목적지는 어진 사람이 되는 길이다. 어진 사람은 누구에게도 의지하지 않고 홀로 설 수 있으며, 내가 바라는 대로가 아닌 타인을 있는 그대로 인정하는 멋진 사람이다. 누구나 서로를 인정하고 의지하지 않고 독립적인 삶을 살 때 비로소 우리는 좋은 관계를 맺을 수 있다. 모든 관계의 목적은 독립적인 삶을 통해 자유를 얻는 것이다. 상대의 독립성을 인정하고 얽매이지 않는 관계가 올바른 관계형성의 시작이다.

인간의 기본 정의를 이해해야 관계를 올바르게 정립할 수 있다. 우리는 함께 살아가기 위해 태어났고, 서로 도와주는 관계를 목표로 해야 한다. 다른 사람을 돕는 이유는 내가 속한 사회를 더 건강하고 안전하게 만들기 위함이다. 타인을 돕는 일이 곧 나를 돕는 일이라는 인식이 먼저 되어야만 관계를 시작할 수 있다.

인간의 기본

국어사전에 나오는 인간의 두 번째 뜻은 일정한 자격이나 품격 등을 갖춘 사람이다. 인간이 갖추어야 할 자격을 갖추지 못하면 겉모습은 인간이지만 인간이라 말할 수 없다. 인간은 적절하게 구분되어야 한다. 인간다운 사람과 아직 인간이 되지 못한 인간으로 말이다.

영화 「조폭마누라3」에는 '人人人人人人'라는 문구가 나온다. 무슨 뜻일까. 사람이 사람이라고 다 사람이냐. 사람이 사람다워야 사람이지. 사람으로 태어났으면 사람다워야 한다.

인간은 사람다워지기 위해 공부한다. 부모님께 육신을 받아 태어났지만 그 육신에 들어 있는 정신과 마음, 그리고 태도를 어떻게 설정하고 살아가는지에 따라 달라진다. 얼마나 그 조건을 갖춰 가는지에 따라 인간으로 살아갈지, 아니면 인간이라 불리지만 동물로서의 삶으로 살아갈지 결정된다.

과거 선조들은 인간을 구분했다. 『논어』에서는 이를 군자와 소인으로 표현했다. 군자란 사람의 조건을 갖춘 사람이라고 한다면, 소인은 아직 조건을 갖추지 못한 이를 말한다. 그렇다면 인간이 갖춰야 할 자격은 무엇일까. 바로 공감능력이다. 공감능력이 없는 사람은 아직 사람이라 말할 수 없다.

> 人皆有不忍人之心
> 인간은 모두 다른 사람에게 차마할 수 없는 마음을 가지고 있다.
>
> -『맹자』「공손추 상 6장」-

하루는 제나라의 선왕이 앉아 있는데 시종이 끌고 가는 소를 보았다. 왕은 소를 끌고 가던 모습을 보고 불쌍히 여기며 풀어주라 명령했다. 이를 본 맹자는 그 마음을 '차마 하지 못하는 마음'이라며 그런 마음을 갖고 백성을 대해야 한다고 말했다.

인간은 누구나 선한 마음을 내재하고 있다. 불쌍한 사람을 보면 측은히 여기고, 옳지 않은 일을 하면 부끄러워한다. 아픈 사람을 보면 자리를 양보해야 한다는 마음이 있고, 옳고 그름을 가리는 마음을 갖고 있다. 사람은 누구나 측은지심, 수오지심, 사양지심, 시비지심이라는 네 가지 씨앗을 갖고 있고, 이를 잘 키워내 결과물을 만들었을 때 비로소 우리는 사람이라 말한다.

이런 마음이 없다면 그 사람은 사람이 아니다. 맹자는 이를 비인(非人)이라고 표현했다. 비인이 되지 않기 위해, 사람의 조건을 갖추기 위해 우리는 마음을 갈고 닦으며 수양한다. 그러한 사람다운 사람만이 올바른 관계를 맺으며 살아갈 수 있다. 인간의 기본 조건을 갖춰야 남들과 함께함이 가능하다.

> 人皆有所不忍, 達之於其所忍, 仁也. 人皆有所不爲, 達之於其所爲, 義也.

맹자께서 말씀하셨다. '사람이 누구나 차마 하지 못하는 마음을 가지고 있는데, 그 차마 하는 마음에 도달하면 인(仁)이다. 사람이 누구나 하지 않는 바가 있으니, 그 하는 바에 도달하면 의(義)이다.'

-『맹자』「진심 하 31장」-

인간의 마음은 불인(不忍)과 불위(不爲) 두 가지로 나눠진다. 차마 하지 못하는 마음과 하지 않는 바가 있다. 불쌍한 사람을 보면 돕고 싶어 하는 너그러운 마음과 쓰레기를 아무 곳에나 버리지 않겠다는 의로운 마음이 있다. 이러한 너그럽고 의로운 마음을 잃지 않으면 사람다워질 수 있다. 말이 어려워서 그런데 쉽게 말해 불쌍한 사람들 보면 너그럽게 잘 대하고, 하지 말아야 할 일은 하지 않으면 된다. 맹자는 이어서 말한다.

人能充無欲害人之心 而仁不可勝用也. 人能充無穿踰之心 而義不可勝用也. 人能充無受爾汝之實 無所往而不爲義也.

사람이 남을 해치지 않으려는 마음으로 가득 채운다면 인(仁)을 이루다 쓰지 못하며, 사람이 벽을 뚫거나 담을 뛰어넘는 도적질하지 않으려는 마음으로 가득 채운다면 의(義)를 다 쓰지 못한다.

-『맹자』「진심 하 31장」-

차마 하지 못하는 마음은 내면에 늘 존재한다. 우리는 사람을 상처 입히면 안 된다는 사실을 안다. 내가 상처 입으면 아프다는 사실을 바탕으로 상대도 아플 수 있다는 생각을 한다. 우리는 해야 할 일과 하지 말아야 할 일을 알고 있다. 남의 것을 훔치면 안 된다는 사실도 안다.

인의(仁義)는 허상이 아니다.

> 山徑之蹊閒 介然用之而成路, 爲閒不用 則茅塞之矣. 今茅塞子之心矣.
> 산속의 길은 잠시만 다녀도 길이 되고, 한동안 다니지 않으면 풀이 자라 길을 막는다. 지금 그대의 마음을 풀이 막았다.
>
> -『맹자』「진심 하 21장」-

그런데 문제는 이러한 마음도 잘 닦지 않으면 풀로 덮인다는 점이다. 사람이 사는 집은 늘 깨끗하게 정리되어 있지만 사람이 살지 않으면 금방 폐허가 된다. 이처럼 마음도 마찬가지다. 마음을 늘 다스리고, 깨끗하게 하지 않으면 금방 물들어 버린다. 차마 하지 못하는 마음이 '해도 되지 않을까?'라는 마음으로 변하고, 하지 않는 바가 없어지기에 사람다움조차 저버린다.

> 性相近也, 習相遠也.
> 사람의 본성은 서로 가깝지만, 습성으로 인해 서로 멀어진다.
>
> -『논어』「양화 2장」-

그렇게 사람의 본성은 태어나서 비슷했지만, 환경이나 익혀가는 삶에 따라 서로 멀어지게 된다.

기본으로 회복하기

그렇다면 어떻게 해야 하는가? 변해야 한다는 사실을 들으면 항상 우리가 바라는 이상적인 사람으로 변하고자 한다. 답은 밖에 있지 않다. 내면에 존재하는 답을 두고 밖에서 찾으니 힘겨운 싸움만 한다. 욕심 많은 나무꾼은 쇠도끼를 떨어뜨리고 금도끼를 달라고 말한다. 선량한 나무꾼은 쇠도끼를 떨어뜨리면 쇠도끼를 달라고 말한다. 우리는 우리가 잃어버린 것을 찾아야 하지 새로운 것을 찾으면 안 된다.

어떤 사람이 가로등 밑에서 무언가를 열심히 찾고 있었다. 그를 지나가던 노인이 보고 무엇을 그렇게 찾느냐고 물었더니 하는 대답이다. '다리 근처에서 떨어트린 열쇠를 찾고 있습니다.' 이를 들은 노인이 '아니 근데 왜 다리 근처에서 찾지 않고 가로등 밑에서 찾소.'라고 물었다. 그러자 남자는 '떨어트린 것은 다리 밑이지만 가로등 밑이 제일 밝지 않습니까.'라고 대답했다.

가로등 밑은 누구나 알기 쉽게 볼 수 있는 곳이다. 제일 밝기에 제일 잘 보인다. 문제는 잃어버린 곳이 그곳이 아니라는 점이다. 잃어버린 곳에서 물건을 찾아야 하는데 찾기 쉬운 곳에서 찾고 있으니 영원히 찾을 수 없다.

각주구검이라는 성어도 마찬가지다. 배를 타고 강을 건너는데 실수로 강에 칼을 떨어트렸다. 이를 본 사람이 배에다 X자로 떨어트린 곳이라고 표시했다. 강을 다 건너가서 X자로 표시된 배 밑을 살펴보는 미련한 행동을 한다. 찾아야 할 물건은 잃어버린 곳에서 찾아야 한다. 새 물건을 찾는 것이 아니다.

克己復禮爲仁

나를 이기고 예로 회복하면 이를 인(仁)이라고 말한다.

-『논어』「안연 1장」-

공자의 제자인 안연이 인(仁)에 대해 물었더니 공자가 한 대답이다. 나를 이긴다는 건 불쑥 튀어나오는 감정이나 충동을 억제하고 이성을 유지하는 일이다. 자기조절력을 배우지 못하면 아무것도 할 수 없다. 스탠포드 대학교에서 마시멜로 실험을 했을 때 마시멜로를 먹지 않고 참은 아이들은 훗날 성공한 확률이 높았다. 이 아이들에게는 극기할 수 있는 자기조절력을 배웠기에 가능한 일이었다.

하고 싶은 일이 많지만 해야 할 일이 있기에 참는 것, 시험공부를 하기 싫지만 학생답기 위해 공부를 하는 것. 이 모든 일들이 다 극기의 과정이다. 스스로를 이겼을 때 우리는 예(禮)를 회복한다. 예로 돌아간다는 건 타인을 수용하고 배려할 수 있는 조건을 다시 회복하는 것이다. 스스로를 이기면 타인 배려가 가능해진다. 그것이 공자가 말한 인(仁)이고, 우리가 관계를 맺을 수 있는 인간의 기본을 갖추는 첫 번째 단계이다.

求則得之 舍則失之 是求有益於得也. 求在我者也.

구하면 얻고 버려두면 잃어버릴 때 구하는 것이 얻는 데 유익하다. 그것은 구하려는 대상이 나에게 있기 때문이다.

-『맹자』「진심 상 3장」-

내 안에 있는 나를 구해야 한다. 그것이 나와 관계를 맺는 시작이다.

나를 찾았을 때 비로소 타인과 관계를 잘 맺는다.

인간은 인간임을 증명하기 위해 관계를 맺는다. 나와 좋은 관계를 맺고 스스로를 조절하는 자기조절력으로 예의를 지킬 때 좋은 사람이 된다.

불필요한 에너지 낭비 줄이기

——— 마음이 맞는 친구와 함께하면 즐거움이 가득하다. 물론 의견 다툼으로 마음이 상할 때가 있지만 그보다 즐거움이 더 크기에 관계가 잘 유지된다. 문제는 마음이 잘 맞지 않을 때 일어난다. 같이 있고 싶지 않은 사람과 함께 있어야 할 때의 에너지 낭비는 측정할 수가 없다. 내 모든 기운을 빼앗아 간다.

회사에서 좋은 사람들과 함께 있으면 출근이 즐겁지만 내게 시련만 주는 사람만 있다면 출근조차 하기 싫다. 함께하지만 다른 방향을 바라보기에 맞지 않고, 어떤 때는 왜인지는 모르겠으나 그냥 싫은 사람이 있기도 하다.

싫은 사람들과 만나기는 해야 하지만 어떻게든 피하고 싶고, 같이 있기가 어렵다. 이를 막으려고 관계 맺는 법을 배운다.

법정스님께서도 인연맺음에 대해 강조하셨다. 세상에 있는 모든 인연이 중요하지만 중요하지 않다. 내가 만나는 사람마다 존중하며 잘 대해야 하기에 모든 인연이 중요하다. 지나가는 사람은 인사 정도로 끝내기에 중요하지 않을 수 있다. 모든 인간은 배려받아야 마땅하지만, 내가 맺어가는 관계 속에서는 한계가 있기에 구분해서 인연을 맺어가야 한다.

진정한 인연과 스쳐 가는 인연은 구분해서 인연을 맺어야 한다.
진정한 인연이라면 최선을 다해서 좋은 인연을 맺도록 노력하고
스쳐 가는 인연이라면 무심코 지나쳐 버려야 한다.
그것을 구분하지 못하고 만나는 모든 사람과 헤프게 인연을 맺으면
그들에 의해 삶이 침해되는 고통을 받아야 한다.
인연을 맺음에 너무 헤퍼서는 안 된다.
옷깃을 한 번 스친 사람들까지 인연을 맺으려 하는 것은 불필요한 소모적인 일이다.
수많은 사람들과 접촉하며 살아가는 우리지만
인간적인 필요에서 접촉하면서 살아가는 사람들은 주위에 몇몇 사람들에 불과하고
그들만이라도 진실한 인연을 맺어 놓으면 좋은 삶을 마련하는 데는 부족함이 없다.

– 함부로 인연 맺지 마라 –

옷깃만 스쳐도 인연이라 하지만 그런 소모적인 일에 힘과 에너지와 시간을 낭비하다 보면 정작 우리가 진짜로 해야 할 일에 자원을 투자

하지 못한다.

쓸데없는 에너지 낭비를 줄이자. 중요하지 않은 인연이라면 과감하게 정리하자. 지금 맺고 있는 인연조차 관리하기 어렵다. 어렸을 때 친구관계가 중요하다고 배웠지만 돌아봤을 때 지금 몇 명이나 연락하고 지내는가. 많아야 2~3명 정도밖에 되지 않는다. 많이 사귀어서 인맥을 쌓는 것이 중요한 게 아니라 내가 만나는 인연이 얼마나 좋은 영향을 주는지가 중요하다.

우선순위 정하기

인간의 에너지는 한계가 정해져 있다. 에너지가 넘칠 때는 아침에 일어나서 아무런 자극을 받지 않았을 때이다. 오전이 지나 오후에 접어들면 점점 지치고, 저녁에 집에 들어가면 힘이 하나도 없을 때가 있다. 내 에너지를 한계까지 쓰면 진이 다 빠져 아무것도 하기 싫어진다.

즐거울 때는 에너지 소모가 적지만 힘들거나 슬플 때는 에너지 소모가 과해진다. 더군다나 쓸데없는 곳에 에너지를 소모하게 되면 점점 우리는 피폐해진다. 이를 해결하기 위해 나름의 방법을 찾아야 한다. 바로 '우선순위 정하기'이다.

일을 할 때는 반드시 우선순위가 필요하다. 먼저 해야 할 일이 있고, 나중에 해야 할 일이 있다. 사람과 관계 맺을 때도 만남의 우선순위가 정해져야 한다. 중요한 만남인지, 아닌지를 스스로 구분해서 결정해야 한다. 내 인생에 얼마나 큰 영향을 미치는 사람인지에 따라 우선순위가 달라질 수 있다.

우선순위의 기준은 스스로가 정해야 한다. 만나야 할 사람과 만나지 않아야 할 사람 구분이 시작이다. 어떤 사람에게는 가족이 1순위일 수 있고, 어떤 사람에게는 친구가 1순위일 수 있다. 모두에게 그 기준은 다를 수 있지만 중요한 건 상생의 관계가 지속적으로 이루어지는가이다. 서로 돕는 협력관계가 아니라면 미안하지만 그 관계는 오래가지 못한다.

집을 깨끗하게 유지하기 위해서는 정리정돈 습관이 중요하다. 마음도 깨끗하게 유지하기 위해서는 정리정돈이 필요하다. 정리는 버리는 일이고, 정돈은 가지런하게 바로잡는 일이다. 인간관계도 마찬가지로 먼저 정리해야 하는 사람을 과감하게 정리한 다음 남은 사람들을 내 기준대로 분류해야 한다.

만남의 우선순위를 결정해 필요 없는 만남은 줄이고 꼭 필요한 인연만 맺어야 한다. 내 마음은 무한대의 크기를 갖고 있지 않다. 내면에 들일 수 있는 사람의 수는 정해져 있다. 아무나 내 마음에 들이지 말자.

근본 해결이 우선이다

『논어』와 『맹자』에는 같은 사람을 두고 다른 평가를 내린 부분이 있다. 무엇이 그 사람의 평을 엇갈리게 했을까.

> 其行己也恭, 其事上也敬, 其養民也惠, 其使民也義.
> 공자께서 자산을 평하여 말씀하셨다. '군자의 도가 네 가지 있으니, 자기의 몸가짐이 공손하며, 윗사람을 섬김이 공경스러우며, 백

성을 기름이 은혜로우며, 백성을 부림이 의로운 것이다.'

– 『논어』「공야장 16장」 –

자산은 사람을 만날 때 공경하고 백성들을 잘 돌보고, 일을 올바르게 시켰다는 공자의 칭찬이다. 반면에 맹자는 자산의 지나침을 말했다.

정나라의 자산이 그의 수레를 가지고 진수와 유수에서 사람들을 건네주었다. 맹자께서 말씀하셨다. '자산이 은혜롭지만 정사를 실천함은 알지 못하였다. 11월에 다리를 놓고, 12월에 수레의 교량을 놓는다면, 백성들이 강물을 건널 때 고생하지 않을 것이다. 군자가 정사를 공평하게 하자면, 행차할 적에 사람들이 피하게 할 수도 있는데, 어찌 사람 사람마다 강을 건너가게 하겠는가? 그러므로 정치하는 자가 매 사람마다 기쁘게 해주려 한다면, 날마다 해도 부족할 것이다.'

– 『맹자』「이루 하 2장」 –

자산은 덕이 있는 훌륭한 사람이었다. 그런데 지나침이 문제였다. 늘 사람을 공경했지만 이것이 지나쳤다. 정치를 하려면 근본 문제를 해결해야 하지 인기관리를 해서는 안 된다. 불쌍한 마음이 들었다면 즉각적으로 그곳의 문제를 해결하기 위해 다리를 설치해 모든 사람이 편하게 왕래하도록 만들면 그만이다. 자산은 이를 놓치고 달려가 자신의 수레로 사람들을 건너게 해주었다. 이는 효율이 아니다.

인간관계 또한 마찬가지다. 많은 사람들에게 좋은 사람이어야 한다. 자애로운 사람이기도 해야 한다. 그러나 효율적이어야 한다. 우리의 에너지는 한정적이기에 해야 할 일에만 힘써야 한다. 좋은 사람들에게만 좋아야 한다. 그 좋은 사람도 잘 구분해서 만나야 한다.

근본적으로 함께 상생할 수 있는 관계인지를 늘 물어야 한다. 그래야만 불필요한 에너지를 줄여 삶을 관계 때문에 낭비하지 않는다.

인간관계 속 갈등해결

──── 『손자병법』에서 가장 우위로 치는 병법이 있다. 바로 싸우지 않고 이기는 일이다. 싸우지 않고 어떻게 이길 수 있는가를 물을 수도 있지만 이 방법이 바로 인간관계의 핵심이자 기본이다.

사람이 맺어가는 관계 속에서는 다양한 일이 벌어진다. 좋은 일도 있지만 화가 나거나 슬픈 일이 벌어지기도 하다. 누군가와 다툼이 생겨 마음이 어지러워질 수도 있다. 즉, 인간관계 속에서 무수히 많은 전쟁이 일어난다. 그 전쟁 속에서 어떻게 하면 올바른 승리를 가져갈 수 있을까를 고민하고 또 고민하며 머리를 싸맨다. 가장 큰 승리는 피 흘리지 않고 이기는, 싸우지 않고도 이기는 승리다.

갈등은 서로의 이해관계가 부딪혀서 발생한다. 각자의 의견이 다 다르기에 갈등이 없을 수는 없으나 이 갈등을 어떻게 해결하는가에 따라 관계력이 있는지, 없는지 결정된다.

수준 높은 사람은 갈등회복력이 높은 사람이다. 최고는 애초에 갈등을 발생시키지 않는 사람이지만, 갈등이 발생했더라도 이를 빠르게 회복하는 갈등회복력이 있어야 한다.

벌통을 걷어차는 사람들

논쟁에서 승리하려면 논쟁을 피해야 한다. 말을 잘하는 방법은 말을 하지 않는 것이다. 말을 많이 한다고 해서 매사가 해결되지 않는다. 말을 하지 않고 경청만으로도 좋은 관계가 유지된다. 오히려 말을 하지 않는 사람이 더 똑똑해 보이기도 한다.

> 善為士者不武 , 善戰者不怒 , 善勝敵者不爭 , 善用人者為之下, 是謂不爭之德 , 是謂用人之力 , 是謂配天, 古之極.
> 훌륭한 선비는 무력을 쓰지 않고 싸움을 잘하는 자는 화내어 흥분하지 않으며 적을 잘 이기는 자는 적과 정면으로 싸우지 않고 사람을 가장 잘 쓰는 자는 그들 앞에서 몸을 낮춘다. 이것을 다투지 않는 덕이라 하고 이것을 남의 힘을 이용하는 것이라 하며 자연의 섭리에 따르는 오래된 지극한 도이다.
>
> -『도덕경』-

꿀을 얻으려면 벌통을 걷어차지 말라는 데일 카네기의 말처럼 핵심은 싸우지 않는 일이다. 논쟁에서 승리하려면 논쟁을 피해야 한다. 논쟁의 끝은 모두의 감정만 상할 뿐이다. 상대를 존중하고 지적하지 말아야 한다. 싸움이 벌어지기 전에 미리 싸움을 일으키지 않도록 힘써야 한다. 인간은 갈등을 발생시키지 않는 능력을 가져야만 한다. 갈등이란 서로의 이해관계가 부딪혀서 발생한다.

> 春秋無義戰. 彼善於此, 則有之矣.
> 『춘추』에 보면 의로운 전쟁은 없다. 저마다 이보다 좀 낫다는 정도는 있다.
>
> -『맹자』「진심 하 2장」-

의로운 전쟁이란 절대 있을 수가 없다. 올바른 논쟁 또한 마찬가지다. 저마다 자기가 낫다는 증명을 위한 논쟁일 뿐이다.

갈등이란 말 자체가 칡과 등나무가 서로 얽혀서 꼬여있는 상태를 말한다. 칡은 왼쪽에서 오른쪽으로 휘감아 올라가고, 등나무는 오른쪽에서 왼쪽으로 휘감아 올라간다. 자신의 성질대로 올라가다 보면 이리저리 얽혀 복잡해지기에 이를 갈등이라 말한다.

우리는 엉켜 있는 실타래를 원활하게 풀어내는 능력을 갖추어 갈등이 심화되어 풀 수 없는 상황이 오지 않도록 예방해야 한다. 절대 상대와 최악의 관계가 되도록 놓아두지 말아야 한다.

물론 상반된 견해는 늘 존재하기에 충돌이 없을 수는 없다. 전쟁에서 싸우지 않은 승리가 최고의 승리라고 했지만 그렇다고 해서 전쟁을 아예 안 하겠다는 뜻은 아니다. 갈등은 필연적이다. 지구상에 누구도 같은 의견을 갖고 있지 않다. 개인의 관점은 삶을 반영한다. 모두가 같은 삶을 살지 않았기에 관점은 다양하고, 다양한 관점에 따라 사람들의 견해는 달라진다.

> 景行錄云 屈己者 能處重 好勝者 必遇敵
>
> 『경행록』에 말하였다. '자기를 굽히는 자는 중요한 지위에 처할 수 있고, 이기기를 좋아하는 사람은 반드시 적을 만난다.'
>
> – 『명심보감』「계성편」 –

갈등이 일어나더라도 이를 빠르게 해결해야 한다. 무엇을 해결하는가. 전쟁을 멈추고 평화의 시대로 즉각 돌아와야 한다. 이를 위해 빠른 회복력을 갖춰야 한다. 싸움이 일어나면 단번에 끝내야 피해가 덜하다. 싸움을 하지 않을 수는 없겠지만, 일어난다면 즉각적으로 회복하여 평상시대로 돌아올 수 있는 회복력을 갖춰야 한다.

화증 없애기

살다 보면 화가 날 때도 있다. 몹시 분개하여 화를 내다보면 신체는 긴장을 부른다. 긴장한 채로 행동하면 어색해진다. 어색해지면 유연함을 잃고, 딱딱해지며 불편해진다. 불편해진 몸과 마음은 끊임없이 변하는 인간관계에 최악으로 작용한다. 분노는 인간관계에서 최악이며 심신을 망치는 지름길이 된다.

화를 금지하는 것이 아닌 한 템포 늦춰보는 것이 중요하다. 화를 내지 않을 수는 없다. 부처님도 화를 내지 않기는 어렵다. 다만 한 걸음

물러서서 심호흡을 하며 10초를 센 다음 다시 돌아오면 조금 낫다. 인생에는 브레이크가 필요하다. 자동차에서 액셀이 중요하지만 액셀보다 많이 사용하는 것이 브레이크다. 액셀은 누구나 밟을 수 있지만, 브레이크를 얼마나 잘 밟는가에 따라 훌륭한 운전자인지가 결정된다.

운전면허 시험에서 액셀을 밟을 일이 얼마나 있는가. 도로주행을 하며 풀 액셀을 밟을 일이 얼마나 있는가. 그저 순탄하게 액셀을 밟아나가다가 어떤 장애물이 있을 때 브레이크를 밟는다. 삶도 마찬가지다. 액셀을 밟을 일이 크게 없다. 화를 낸다는 건 풀 액셀을 밟는 일이다. 속도가 주체할 수 없을 정도로 높아지면 운전대를 잡고 있는 사람도, 조수석에 타고 있는 사람도 함께 위험해진다.

> 懲忿如救火 窒欲如防水
>
> 화재를 막듯이 분노를 경계하라. 홍수를 막듯이 욕망을 억제하라.
>
> -『명심보감』「정기편」-

국어사전서 화의 뜻은 다음과 같다. '몹시 노하여 화증을 내다.' 화는 증세이다. 화는 병이다. 화가 병이 되어 화병 난다고 말한다. 화병 나지 않게 화를 잘 다스려야 한다.

불은 제어해야 안전하게 쓸 수 있다. 불이 이곳저곳 옮겨 다니면 화재가 난다. 늘 화를 잠재울 수 있는 소화기를 갖고 있어야 한다. 작은 불은 쉽게 꺼지지만 큰불은 쉽게 잡을 수 없다. 작은 불을 더 키우지 않아야 한다. 내 분노를 제어할 생각이나 방법을 만들어두어야 한다. 좋은 기억, 좋은 사람 등 말이다. 흔히 농담으로 분노조절 장애가 야구방망이 앞에서는 분노조절 잘해가 된다는 말이 있다. 야구방망이 같은 제어도구를 늘 생각해 보자.

불이 더 번지지 않으려면 주변에 산소가 없어야 한다. 진공상태를 만들면 가장 좋다. 분노가 생기면 혼자 있는 것이 가장 바람직하다. 괜히 시빗거리를 스스로에게 주지 않아야 한다.

不遷怒 不貳過

화를 남에게 옮기지 않고 잘못을 되풀이하지 않는다.

-『논어』「옹야 2장」-

공자의 수제자였던 안연을 두고 공자가 한 말씀이다. 분노하되, 이를 옮기지 않았다. 그리고 그러한 잘못을 다시는 반복하지 않았다. 누가 와서 내 왼쪽 뺨을 치면 어찌 분노하지 않을 수 있을까. 하지만 그 분노는 옮기지 않는다. 분노가 인생에 도움이 되지 않음을 알기 때문이다.

忍一時之忿 免百日之憂.

한때의 분노를 참으면 백일의 근심을 면한다.

-『명심보감』「계성편」-

백일의 근심은 천일의 후회가 된다. 천일의 후회를 막기 위해 10초만 참아보자. 노만 빈센트 필은 화에 대한 가장 좋은 처방은 뒤로 미루는 것이라고 말했다. 화를 주체하지 못할 정도면 얼른 도망가서 혼자 있어보자. 그래야만 후회하지 않는다.

화를 내야 할 때

분노가 일어나는 이유는 다양하다. 분노는 언제 생기는가. 첫째, 내 기대에 미치지 않을 때 생긴다. 상대방이 내 기대에 어긋나게 행동하면 분노가 치밀어 오른다. 이를 해결하려면 기대를 버려야 한다. 상대에 대한 기준을 상대에 맞춰 낮춰야 한다. 내가 설정한 기준에 못 미치면 그 사람과 상황을 보고 조정해야 한다.

둘째, 두려움을 느낄 때 분노한다. 가끔 강아지들이 짖을 때 가만히 보면 무서워서 짖는 것을 알 수가 있다. 분노라는 자기표현을 통해 자신을 보호한다. 분노는 두려움에 대한 해결방법이 아니다. 두려움은 해결해야 하지 방패로 감싸면 더 악화된다. 두려움과 직면해야만 우리의 두려움을 해결할 수 있다.

셋째, 심판하는 마음으로 분노한다. 내가 맞고 상대방이 틀렸기에 화가 난다. 분노한 나는 심판자가 되고 상대는 피고인이 된다. 이를 해결하려면 오만함을 버려야 한다. 나는 아무도 심판할 수 없다. 내가 틀렸는지부터 먼저 생각해야 한다. 타인이 그 행동을 왜 했는지도 모르면서 그 잘못을 판단하지 말자. 신조차 사람이 죽은 다음 심판한다.

넷째, 누가 나를 알아주지 않으면 분노한다. 내가 이 정도 했는데 왜 아무도 알아주지 않는가에 대한 슬픔은 분노로 변한다.

누군가 나를 알아주지 않아도 분노하지 않는다. 나를 인정해 주지 않아도 화내지 않는다. 어떻게 화내지 않을 수 있을까. 삶의 중심이 상대방이 아닌 내게 있기 때문이다. 내게 집중하는 사람은 자기가 자기를 인정한다. 남의 인정보다 중요한 내면의 인정을 받으면 된다. 하지만 타인에게 중심이 있는 사람은 내면의 인정보다 타인의 말 한마디를 더 중요하게 여긴다.

타인에게 보여주는 삶을 위해 살지 말고 나를 위한 삶을 살 때 인정욕구는 없어진다. 타인의 인정보다 나 자신을 스스로 인정하는 것이 더 중요하다.

분노가 일어나면 잠시 멈춰서 스스로에게 물어봐야 한다. 이 분노는 근원이 무엇인가. 정당한 분노인가. 누구를 위한 분노이고 누구를 향한 분노인가. 분노하여 문제가 해결되는가.

이런 질문들을 하다 보면 마음이 조금씩 객관화되며 정신을 차린다. 멀리 도망간 이성을 되찾아왔을 때 화가 가라앉는다. 차갑게 식은 이성으로 다시 관계맺음을 시작한다.

화가 나도 다시 화를 식히고 되돌아오는 연습을 지속적으로 반복하면 회복력이 높아진다. 회복이 익숙해질 때 비로소 훌륭한 갈등해결력을 가질 수 있다. 화를 내도 좋지만 그 화를 빠르게 식히고 회복하는 연습을 해보자.

화를 내지 못하는 것도 문제다. 내가 피해를 입거나 부당한 일을 당했을 때 마땅하게 화낼 수 있어야 한다. 화를 제대로 내지 못하는 것 또한 화병이 나는 방법이다. 병이 나지 않게 화를 잘 해소해야 한다. 과하지도, 모자라지도 않는 화내기 기술이 필요하다.

빈 배와 마주친 삶

어떤 상인이 배를 몰고 바다에 나아갔다. 해무가 많이 끼어 앞이 잘 보이지 않았는데 갑자기 어떤 배가 와서 상인의 배에 부딪혔다. 당연히 화가 난 상인은 노발대발하며 누가 벌인 일이냐며 소리쳤다. 씩씩거리며 부딪친 배 쪽으로 간 상인이 본 것은 사람이 없는 작은 나룻배였다. 누군가 배를 묶을 때 어설프게 묶었던 것일까. 상인은 그 배를 보고 화가 났지만 어쩔 수가 없었다. 자신의 화가 향할 곳이 없어졌기에 허무함만 남았다. 대상을 없애면 쉽게 사그라진다. 분노를 허무함이라는 소화기로 꺼뜨려라.

분노는 기대해서 더 일어날 수 있다. 관계에 대한 기대치를 낮춰라. 우리가 화를 내는 이유는 상대가 내 기대에 미치지 않았기 때문이다. 초등학생에게 화내는 사람은 없다. 내가 그 사람의 수준을 잘못 판단했을 뿐이다. 화를 내는 대신 상대에게 갖는 기대를 낮추면 그만이다.

> 억울한 일을 당하거나 폭행을 당해 모욕감을 느꼈다면, 그 모욕감은 그러한 행위에 대한 내 사사로운 감정 때문이라는 것을 기억하라.
>
> – 에픽테토스 –

분노는 '투사'다. 내 속에 있던 잠재기억들이 우연히 자극되었을 때 분노가 튀어나온다. 그러한 투사를 막는 것이 중요하다. 내가 먼저 치유되어야 한다. 내 속에 있는 분노를 없애면 자극을 받아도 아무렇지 않다. 분노부터 멈추고, 감정을 맑게 하여 잘 다스린 다음 관계를 시작하자.

성숙의 척도

——— 성인이란 보통 19세 이상의 사람을 말한다. 대한민국의 법정기념일로 성년의 날도 지정되어 있다. 성인으로서의 책임감을 일깨워 주기 위해서 생긴 날이다. 성인(成人)이란 인간이 이루어졌다는 뜻이다. 인간으로 나아가고, 인간으로 완성되고, 사람답게 성숙해졌을 때 우리는 성인이라고 부른다.

성숙함이란 어른스러워짐을 의미한다. 어른이란 자기 일에 책임을 지는 사람이다. 자신의 일에 책임지고, 자신의 감정을 스스로 책임질 때 어른이라 부른다.

어른은 인간관계를 조절할 줄 안다. 아이들은 인간관계를 조절하기 어렵다. 나도 모르게 내 안의 감정이 불쑥 튀어나오기 때문이다. 아직 많은 경험과 배움이 부족한 어린 시절은 책임보다는 권리에 초점을 둔 상태이다. 내 감정에 책임지기보다는 감정이나 상황에 휘둘린다. 감정적인 아이였을 때의 관계는 금방 타오르다 금방 꺼진다.

스스로가 성숙해진다면 인간관계 또한 성숙해진다. 성인이 된 우리는 과거의 아이였을 때보다 좀 더 차분하고 여유 있다. 스스로의 감정을 책임지기에 분노에 휩쓸리거나 좌절감에 몸을 던지지 않는다. 물론 스무 살이 되어 억제와 조절을 담당하는 두뇌의 전전두엽이 성숙해진 덕분인지도 모른다.

인간관계는 공식이다. 콩 심은 데는 콩밖에 나지 않는다. 나를 넣었으면 나와 비슷한 수준의 인연을 맺는다. 지금 관계가 불행하다면 나 자신을 되돌아봐야 할 시간이다. 내가 성장하고 있다면 그에 맞는 인간관계가 맺어진다. 그러함을 내가 구하기 때문이다. 구하라. 그러면 얻을 것이니. 성경의 말처럼 구하기에 얻는다.

인간관계가 중요한 이유는 인간관계가 내 현 상황을 말해주는 하나의 척도이기 때문이다. 우리의 성숙은 인간관계로 증명된다. 개인은 삶의 경험이나 배움을 통해 변한다. 성장하는 방향이든, 퇴보하는 방향이든 상관없이 그에 맞게 변한다. 그에 맞춰 내가 가진 인간관계 또한 끊임없이 변한다.

동양의 고전인 주역(周易)에는 동기상구(同氣相求)라는 말이 나온다. 같은 기운은 서로 구한다는 말이다. 내가 현재 갖고 있는 기운과 같은 사람을 구하게 된다. 쉽게 말하면 나와 비슷한 사람만 찾아서 만난다는 말이다. 만나면 편안한 사람이 있다. 그 익숙함은 나와 비슷한 성질을 가졌기에 나타난다. 익숙하기에 편안하고, 편안하기에 만남이 이어진다.

내가 성숙해졌다면 내 인간관계도 성숙해진다. 내 현 상태의 증명은 관계로써 증명된다. 내가 맺고 있는 관계의 상태가 불안정하면 나 또한 불안정하다고 볼 수 있다. 내가 맺고 있는 관계가 편안하다면 내 현재 상태도 편안하다고 볼 수 있다. 현재 내 상태가 관계에 투영되고, 투영된 관계에서 내 현 상태를 알 수 있다.

성숙의 길 - 불안정한 애착 벗어나기

올바른 관계를 맺기 위해선 어른이 되어야 한다. 사실 어른이 된다는 건 어려운 일이다. 어른의 관계능력을 가진다는 것 또한 어려운 일이다. 어른이 되려면 아이라는 껍질에서 탈피해야 한다. 과거라는 번데기의 과정을 지나 미래로 우화해야 한다.

'어른아이'라는 말이 있다. 몸은 어른인데 정신은 아직 아이 때에 갇혀 있는 사람을 의미한다. 어른으로 성장하려면 아이였을 때 온전히 성장해야 하는데, 그 기초가 바로 애착이다.

애착이란 부모에게 가지는 강하고 지속적인 유대감을 말한다. 아기였을 때 부모와 어떤 애착관계를 형성했는가에 따라 삶의 전반에 영향을 미친다. 부모가 세상으로 나아가기 전 신뢰받는 안전기지로 작용할 수도 있지만 지나치게 의존하거나 무관심의 대상으로 변할 수 있다.

아기가 처음 만나는 존재는 부모다. 부모와의 관계를 어떻게 맺는가에 따라 삶이 결정된다. 부모가 아이에게 올바르게 대응했는가에 따라 애착형성이 달라진다. 부모가 아이의 요구에 적절하게 대응하고 상호작용하며, 유대관계를 유지했다면 안정적으로 애착형성이 된다.

민감하게 아이의 욕구에 반응해 신뢰를 쌓으면 부모를 믿고 앞으로 나아간다. 반면에 즉각적으로 반응하지 않고 거절당하는 경험을 지속적으로 경험한다면 불안정한 애착이 형성된다. 안전기지가 없으니 세상을 향해 힘차게 나아갈 수가 없다. 늘 불안하고 흔들리기에 관계 또한 단단하게 묶이지 못한다.

애착형성이 제대로 되지 않으면 자존감 하락, 우울감 등이 발생한다. 이를 막기 위해 아이와의 시간이 필요하다. 절대적인 시간도 중요하지만 짧은 시간일지라도 애정을 표현하고 정서적 교감을 통해 아이에게 안정감을 줘야 한다. 거절당하는 경험을 주지 않도록 노력해야 아이가 제대로 성장한다.

어렸을 때 애착형성이 제대로 되지 않은 사람에게는 대인관계가 쉽지 않다. 거절당하는 경험이 깊숙하게 뿌리내린 사람에게 인간에 대한 믿음은 허상과도 같다. 낮은 자존감으로 늘 피해만 보는 관계가 되거나 날카로운 칼로 상처 입히는 극과 극의 관계를 맺을 가능성이 높다. 이러한 유아적 관계에서 벗어나 성숙한 어른의 관계로 접어들기 위해 변해야 한다.

이미 지나간 과거는 어쩔 수 없다. 과거에 내가 입었던 피해를 지금에 와서 돌릴 수는 없다. 다만 그런 피해를 정면으로 마주할 수 있는 용기가 필요하다. 과거엔 그랬지만 지금은 그러지 않을 수 있다. 불안정한 애착이 형성되었다고 해서 평생 동안 그렇게 살라는 법은 없다. 모난 돌도 땅을 굴러가다 보면 모난 부분이 갈려 둥글어지기 마련이다. 인생의 경험을 통해 불안정함을 마주하고 이를 고쳐나가면 둥글어질 수 있다.

불안정한 애착을 해결하기 위해선 어떻게 해야 할까. 첫째, 자신이 회피하는 유형인지 집착하는 유형인지 깨달아야 한다. 회피하는 유형은 매사를 회피하고 무관심으로 대응하는 유형이다. 집착하는 유형은 거절하는 것이 두려워 끝까지 쫓아간다. 내가 회피유형인지 집착유형인지 알아야 그 다음 해결방법을 찾아낸다.

둘째, 용기를 내서 새로움을 경험하자. 어렸을 때 존재하지 않은 안전기지는 이제 나 자신으로 삼아야 한다. 안전기지가 없던 어린 시절과는 달리 성인이 된 지금은 내 스스로 무언가를 할 수 있는 힘이 존재한다. 새롭게 시도해 보는 연습을 통해 용기를 기르고 할 수 있다는 자신감을 갖는다. 도전과제를 스스로 설정해 여러 가지 시도해 보다 보면 그런 경험들이 익숙해지며 독립심을 기를 수 있다. 온전히 독립한 나만이 어른아이에서 벗어난 '나'다.

셋째, 스스로를 일관성 있게 대해줘야 한다. 불안정함의 가장 큰 원인은 일관적이지 못한 부모의 태도였다. 일관성이 없으니 언제 어디서 무슨 일이 일어날지 긴장한다. 그런 일관성을 스스로에게 부여하자. 늘 자기를 응원하고 잘하고 있다고 칭찬하자. 자기를 너무 가혹하게 대하지 말자. 내가 사랑받을 만한 가치가 있는가에 대한 질문은 안 해도 된다. 시간낭비다.

바운더리 설정

어렸을 때 애착형성이 제대로 되지 않으면 바운더리 설정도 쉽지 않다. 바운더리란 선을 말한다. 살다 보면 선을 넘는 사람들이 많은데 어렸을 때 선을 제대로 배우지 못했기에 일어난다. 개인의 경계선을 모르면 할 수 있는 것과 할 수 없는 것의 구분을 착각한다. 내가 할 수 없는 일을 할 수 있다고 착각하는 오만함과 내가 할 수 있는 일을 할 수 없다고 하는 자신감 부족이 지속적으로 병행된다.

내가 할 수 있는 것과 할 수 없는 것의 구분은 바운더리 설정부터 시작한다. 아기가 마당에서 자유롭게 놀다가 울타리 밖을 벗어나려고 할 때 '안 돼'라고 말할 때 아기에게 바운더리가 형성된다. 인생에서 갈 수 있는 곳과 갈 수 없는 곳이 있다는 구분이 형성된다. 불을 만지려고 할 때 만지면 안 된다고 교육하는 것처럼 할 수 있는 것과 할 수 없는 것의 구분을 지속적으로 시켜줄 때 개인에게 바운더리가 형성된다.

사실 해도 되는 것과 하면 안 되는 것의 구분을 부모가 교육하지 않는다면 아이에게 바운더리 형성은 쉬운 일이 아니다. 모든 것이 호기심으로 가득 찬 세상에서 자유를 준다면 모든 것을 선택하려고 하는데 이를 적절하게 제어하지 않으면 아이는 올바르게 성장하지 못한다. 모든 것을 선택하려 하거나 아무것도 선택하지 못하게 되기에 부모가 먼저 바운더리를 잘 형성시켜줘야 한다.

바운더리가 제대로 형성되면 너의 선과 나의 선이 정해져 있고 그 선을 침범하는 것은 예의가 아니라는 사실을 알게 된다. 인간관계를 맺을 때도 타인의 선이 있다는 사실을 잊지 않고 그 선을 지키려고 애쓴다. 내가 남의 바운더리를 침범하면 안 되지만 타인이 내 선을 침범할 때 적절한 조치가 필요하다는 사실도 알아야 한다.

관계의 조건

어른이 된다는 건 안정적인 자신과의 관계, 온전한 바운더리 형성을 통해 세상에 적절하게 대처할 수 있게 되는 것이다. 내 우선순위 1순위는 나 자신이다. 나 자신과의 관계도 제대로 못 맺는 사람이 어떻게 남과 함께 하겠는가. 나와의 관계부터 먼저 잘 맺어야 그다음이 존재한다. 나와 건강한 관계를 맺고 바운더리가 형성되면 관계를 시작할 수 있는 조건이 갖추어진다. 성숙하게 관계 맺기 위해 내면을 안정시키고 외면을 단단하게 만들었을 때 관계가 시작된다.

책임 있는 어른의 삶

태양은 쉼 없이 떠오른다. 피곤할 만한데 꾀부림 없이 늘 동쪽에서 떠올라 서쪽으로 진다. 먹구름이 태양을 가려도 그저 할 일을 한다. 비가 온다고 태양이 하루를 쉬지 않는다. 비구름 속에서 그 구름들이 지나가기를 기다린다. 한결같은 태양은 아무도 탓하지 않는다. 그저 떠오르고 자리를 양보할 뿐이다.

시간이 빠른 이유가 무엇일까. 시간은 멈춤이 없다. 멈춤이 없기에 흔들림이 없다. 흔들리지 않기에 변명하지 않는다. 변명하지 않기에 하소연하지도 않고 삶에 불만도 없다. 그렇기에 시간에게는 걸림돌이 없다.

주역(周易)에는 '자강불식(自强不息)'이라는 말이 나온다. 스스로를 굳게 단련함을 쉬지 않는다는 말이다. 첫째가 자강(自强)이다. 내가 단단해야 한다. 단단한 사람은 태양처럼, 시간처럼 한결같이 자기 할 일을 한다. 시간은 한 번에 많이 흐르지 않는다. 오직 1초씩 흐른다. 하지만 그러한 1초의 짧은 찰나가 모이면 긴 인생을 이룬다. 한결같이 무언가를 해낼 때 우리는 강해진다.

스스로 강해지려면 능동적이어야 한다. 어떤 것에도 이끌려 가지 않고 스스로 움직일 때 자강(自强)이 가능하다. 억지로 공부시킨 아이가 수능이 끝난 뒤 공부가 쳐다보기 싫어진다면 그 억지공부가 무슨 소용일까. 모든 일에는 자발성이 필요하다. 태양은 억지로 떠서 억지로 지지 않는다.

둘째는 불식(不息)이다. 이는 중지하지 않음을 의미한다. 어떤 일을 하든 그만두지 않고 꾸준히 해나간다. 매일 글을 쓰다가 하루 안 쓰면 그다음 날도 쓰기 어렵다. 습관이 무서운 이유가 바로 이것이다.

자강불식하는 삶은 자발성을 갖고 한결같이 행동하며 어제보다 나은 오늘을 만들어 내는 일이다. 책임 있는 어른은 세상에 굴하지 않고 늘 자기 할 일을 해나간다. 무슨 일이 있어도 절대 굽히지 않고 할 일을 한다. 스스로 강해지는 길에 남 탓이란 존재하지 않는다. 오로지 자신의 책임만 있을 뿐이다.

반구저기

살다 보면 남 탓을 할 때가 많다. 이번에 발생한 문제가 어려웠고, 여건이 쉽지 않았고, 다른 사람이 나를 제대로 도와주지 않았다. 잘 됐을 때는 내 능력발휘 덕분이라고 생각하지만 잘되지 않았을 때는 원인을 밖에서 찾는다.

> 行有不得者, 皆反求諸己.
>
> 행함이 있으나 얻지 못한다면 스스로에게서 잘못의 원인을 찾아야 한다.
>
> -『맹자』「이루 상 4장」-

어른이 되어 인생을 책임진다는 건 남 탓을 하지 않는 일이다. 내 인생은 100% 내 책임이다. 내 삶의 원인에는 타인이 영향을 미칠 수 있지만 결과는 온전히 내가 책임져야 한다. 아무도 내 삶을 대신 살아주지 않는다. 삶에 일어나는 모든 일이 내 책임이기에 남을 탓할 것도 없다.

> 責人者 不全交. 自恕者 不改過.
>
> 남을 책망하는 사람은 사귐을 온전하게 할 수 없고, 자기를 잘 용서하는 자는 허물을 고치지 못한다.
>
> -『명심보감』「존심편」-

남 탓이란 상대방을 핑계 삼아 원망하는 일이다. 핑계는 구차한 변명이다. 어떤 상황을 모면하기 위해 방패막이로 내세울 때 흔히 핑계를 댄다. 그럴듯한 핑계를 만들어 잠깐은 넘어가지만 이를 끝까지 유지하기는 어렵다. 핑계나 구실이라는 방패막이는 사용하면 할수록 힘이 약해지기 때문이다. 상대방이 매일 핑계 대고 탓만 한다면 그 주위에 있는 사람들은 그 이야기를 듣지 않으려 할 것이다. 누가 매일 다른 사람의 탓만 하는 사람을 좋아할까.

남을 탓하는 사람은 사귐이 온전치 못하다. 당연히 온전할 수가 없다. 자기 탓을 하는 사람은 스스로 개선할 의지가 있는 사람이다. 모든 문제는 나한테 있다는 사실을 알기에, 내가 잘못된 선택을 했다는 사실을 인정하기에 변한다. 이를 인정하지 않으면 늘 세상이 변해야 한다고 여기기에 절대 자신을 고치지 않는다.

> 人雖至愚責人則明 雖有聰明恕己則昏. 爾曹 但常以責人之心責己恕己之心恕人 則不患不到聖賢地位也.
> 사람이 비록 어리석을지라도 남을 꾸짖는 데엔 밝고, 비록 총명함이 있다 해도 자기를 용서하는 데엔 어둡다. 너희들은 항상 남을 꾸짖는 마음으로써 자기를 꾸짖고, 자기를 용서하는 마음으로써 남을 용서한다면, 성현의 경지에 이르지 못함을 근심할 것이 없다.
>
> -『명심보감』「존심편」-

남을 탓할 때는 기가 막히게 찾아내지만 스스로를 탓할 때는 쉽게 용서한다. 관계의 기준 잣대가 다르면 그 사람의 관계는 오래 유지되지 못한다.

> 무지몽매한 사람은 제 마음을 제대로 다스리지 못하고 늘 남 탓만 한다. 하지만 깨우치기 시작한 사람은 자신을 탓한다. 깨우친 사람은 자신도 남도 탓하지 않는다.
>
> - 에픽테토스 -

깨우치기 시작한 사람은 내 탓을 한다. 지나가다 넘어져도 내 탓이고, 프로젝트가 실패해도 내 탓이다. 내 탓으로 여기며 책임지기에 그 사람을 어른이라 부른다. 어른이라면 스스로를 책임지고 나아가 자신이 있는 조직을 책임진다.

깨우친 사람은 누구도 탓하지 않는다. 왜 탓하지 않을까. 누군가를 탓할 시간에 대안을 찾기 때문이다. 남을 핑계 삼지 않고, 스스로를 핑계 삼지 않는다. 핑계 없이 그저 묵묵하게 할 일을 해나가기에 누구의 탓도 하지 않는다. 그런 지혜가 있을 때 우리는 올바른 관계를 맺을 수 있다.

> 不恨自家汲繩短, 只恨他家苦井深.
> 자기 집 두레박 끈이 짧은 것은 탓하지 않고, 단지 남의 집 우물 깊은 것만 탓한다.
>
> -『명심보감』「성심편」-

내 잘못이 어떤지를 먼저 살피자. 포도나무가 높이 있는 게 아니라 내 팔이 짧은 것이 아닐까를 생각해 보자. 세상이 문제가 아니라 내가 문제일 수 있다는 시각이 있다면 고칠 수 있는 시작점이 된다. 자기 잘못을 아는 사람만이 자신을 고칠 수 있다. 부처님이 길을 걸어가다 길가에 똥을 누는 사람을 보고 크게 야단치셨다. 다시 길을 가는데 길 중간에 똥 누는 사람을 보고는 아무 말씀도 하지 않으셨다. 길가에 싸는 사람은 자신의 잘못을 어느 정도 알기에 교육을 했지만 길 중간에 싸는 사람은 티끌만큼조차 자신의 잘못을 모르는데 거기에 대고 무슨 말이 통하겠는가. 인식한 사람만이 변할 수 있다. 인식하지 않으면 아무도 변하지 못한다.

자신감 있는 내 탓

내 탓을 하는 것은 책임감이다. 내 잘못을 인정하고 대책을 찾는 과정이다. 이는 자존감이 기반이 되어야 한다. 자존감이 없는 내 탓은 자기공격이다. 김단 작가는 『관계력』에서 이렇게 말했다. '자신에 대한 확신이 있는 사람은 자신의 모난 면을 다듬을 뿐 스스로를 비난하지 않는다. 스스로 비난하지 마라. 반성을 하되 비난은 하지 말자.

후회된다면 후회해라. 후회하고 용서해라. 용서하고 이해해라. 이해하고 인정해라. 인정하고 수용하라. 수용하고 개선하라. 개선하고 나아가라. 후회는 개선을 위한 후회일 때 상처가 안 된다. 후퇴를 위한 후회는 아무런 의미가 없다. 성장을 위한 반성과 개선의 후회일 때 삶의 발판이 된다.

누군가 내 뺨을 때렸을 때

인생은 불공평하다. 절대 공평하지 않다. 태어난 환경도 불공평하고, 갖고 있는 유전자도 불공평하다. 이를 세상에 사는 사람들은 모두 다르게 태어났다고 말한다. 다름을 탓할 수 없다. 그 다름을 어떻게 대응할지에 대한 문제만 있을 뿐이다.

> 어떤 일을 당할 때마다 나 자신을 들여다보고, 그 일에 대처할 수 있는 어떤 능력을 지니고 있는지 자신의 내부에서 그 능력을 잘 찾아보자.
>
> – 에픽테토스 –

내가 어떤 능력을 가졌는지를 살펴야 한다. 항상 인생의 초점은 나를 향해 있어야 한다. 인생의 조명은 나를 향해 비춰야 한다. 나에게만 비출 때 내 자리가 밝아 타인이 무슨 일을 해도 보이지 않는다. 오로지 나에게만 집중하는 삶, 그러한 삶 속의 관계가 건강한 관계를 만들어 낸다.

> 愛人不親反其仁, 治人不治反其智, 禮人不答反其敬.
> '사람을 사랑해도 친해지지 않으면 그 사랑을 돌이켜 보고, 사람을 다스려도 다스려지지 않으면 그 지혜를 돌이켜 보며, 사람을 예로써 대해도 반응이 없으면 그 공경을 돌이켜 보아야 한다.'
>
> - 『맹자』「이루 상 4장」 -

내가 바르면 된다. 누가 알아주라고 사는 삶이 아니다. 모든 것이 내 탓일 때 내 삶을 책임지고 산다고 말한다. 내가 바르면 세상이 평화롭다. 나부터 먼저 바르게 하는 것이 삶의 시작이다.

생존력 키우기

——— 모두와 잘 지내는 사회적 능력이 곧 생존력이다. 사회에서 생존하는 능력은 인간관계에 달려 있다 해도 과언이 아니다. 상사는 윗사람과 아랫사람 대하기 어렵고, 아랫사람은 상사 대하기 어렵다. 선배는 후배가 불편하고, 후배는 선배가 어렵다. 그런 물고 물리는 관계에서 잘 살아남는 방법이 올바른 처세술이다. 이를 갖추기 위해 우리는 생존과 직결되는 관계력을 길러야 한다.

생존력이란 '죽지 않고 끝까지 살아남는 힘'이다. 살아 있다는 건 생생하게 움직이고 멈추지 않고 제 기능을 하는 것을 말한다. 기업이 번영하려면 지속적인 수익을 내야 한다. 영속성과 성장성 두 가지 요소를 갖춘 기업은 성공의 조건을 갖추었다고 할 수 있다.

사람도 마찬가지이다. 관계가 계속되는 능력과 개인의 성장이 합쳐져야 성공적인 인생을 살아갈 수 있다. 외유내강이라는 말이 나온다. 겉모습은 부드러우나 내면은 강해야 한다. 관계가 지속되기 위해 부드러워야 하나 내면은 늘 성장에 힘써 단단한 철학을 지녀야 한다. 그럴 때 생존력이 갖추어진다.

혼자 사는 것은 쉽다. 아무런 관계없이 자연을 벗 삼아 산에 들어가 혼자 사는 사람도 있다. 관계로 부딪치는 일 없이 편안하게 살아간다. 하지만 사회에서 산다는 것은 맨몸으로 야생으로 뛰어드는 것과 같다. 아무것도 가지지 못한 상태의 맨몸에서 나뭇가지부터 주워 들어 하나씩 모으며 사람 역할을 해나가는 과정이다. 야생에서 혼자 살면 힘들지만 무리를 모여 살면 비교적 덜 위험하다. 두 명만 있어도 한 사람이 경계하고 한 사람이 휴식할 수 있다. 내 할 일이 반으로 줄어든다. 내가 성장할 수 있는 시간을 벌 수도 있다.

혼자 살 것이라면 책을 덮고 혼자 살아가면 된다. 하지만 함께를 선택한다면, 더불어 살아가야 한다면 관계를 배워야 한다.

2

무엇을 해야 하는가

――― 왜 관계를 맺어야 하는지 알게 되면, 그다음은 무엇을 해야 하는지에 대한 질문이 생긴다. 관계를 잘 맺어가려면 어떤 것부터 해야 할까.

첫 번째, 나를 사랑해야 한다. 나를 사랑하기 위해 나를 알아야 한다. 쳐다보기도, 내 목소리를 듣는 것도 어색한 나와의 올바른 관계를 맺어야 한다.

두 번째, 부동심을 가져야 한다. 마음이 흔들리면 몸도 흔들린다. 정신을 똑바로 차려야 한다. 정신을 한곳에 모으면 어떤 일이든 이루어낼 수 있다. 한곳에 모으기 위해 흔들리지 않는 부동심이 필요하다.

세 번째, 독립해야 한다. 홀로 설 수 있는 사람이 되어야 한다. 무언가에 기대고 있으면 그 받침대의 강도나 각도에 따라 내가 서 있는 상태가 달라진다. 반면에 내가 혼자 내 두 발로 서 있으면 어떤 것에도 연연하지 않아도 된다. 모두가 객체적 독립이라는 조건이 완성될 때 '더불어'가 완성된다.

네 번째, 신독(愼獨)해야 한다. 홀로 있을 때에도 삼가며 산다. 무엇을 삼가는가. 말과 행동을 삼가고, 생각을 삼가고, 욕망을 삼가고, 지나침을 경계한다.

다섯 번째, 선입견을 없애야 한다. 선입견은 인간관계에서 가장 큰 장애물이다. 타인을 볼 때 내 생각대로 보는 경향이 강하다. 지금까지 쌓여온 고정관념에 의해 타인을 판단한다. 내가 가진 자로 상대방을 측정한다. 문제는 내가 가진 도구가 제대로 측정할 수 없는 수준의 도구라는 사실이다. 고정관념부터 없애고 관계를 시작해야 한다.

마지막, 상대를 이해해야 한다. 이해가 없이는 관계가 이루어질 수 없다. 상대를 이해하지 않는다는 건 혼자 살겠다는 것과 같다.

나를 사랑한 사람만이 흔들리지 않는 부동심을 지닌다. 부동심을 지니면 세상으로부터 독립할 수 있다. 독립하는 사람만이 신독(愼獨)한다. 스스로를 경계하니 자기 객관화가 잘 된다. 스스로를 이해하고, 이를 미루어 타인 이해도 가능해진다. 이러한 과정을 통해 관계를 형성해 나간다.

> 君子不重則不威 學則不固. 主忠信 無友不如己者 過則勿憚改.
>
> 군자가 신중하지 않으면 위엄이 없으며, 배워도 견고하지 않게 된다. 충실과 신의를 중시하고, 자기보다 못한 자를 벗으로 사귀지 말며, 잘못이 있으면 고치기를 꺼려하지 말아야 한다.
>
> -『논어』「학이 8장」-

신중하게 홀로 설 수 있어야 한다. 신중하지 못하면 위엄이 없다. 위엄이 없으면 타인이 내가 정한 선을 함부로 침범한다. 새로운 것을 배워도 이를 굳게 지니지 못하고 늘 타인의 말에 흔들린다. 충(忠)이란 중심(中心) 잡힌 마음을 말한다. 늘 마음에 균형을 잡고 믿음직스럽게 행동해야 한다. 나보다 못한 사람과는 만나지 마라. 내 기준이 낮아진다. 내가 가진 단점이나 잘못된 점을 찾으면 감사해 하고 즉시 고쳐라. 그것이 내 성장을 위한 일이고 인간관계를 위해 우리가 해야 할 일이다.

나부터 사랑하기

——— 인간관계를 잘 맺으려면 상대를 이해하고 존중해야 한다. 상대방을 존중하려면 상대방을 사랑해야 한다. 상대방을 사랑하기 위해 나부터 사랑해야 한다. 나를 사랑하지 못하는 사람은 누구도 사랑하지 못한다.

나를 사랑해야 한다는 말을 하는 건 쉽지만 직접적으로 행동으로 옮기는 것은 어렵다. 나를 어떻게 사랑해야 진짜 사랑했다고 말하는가. 얼마나 사랑해야 할까. 어떻게 사랑해야 할까.

사랑이란 너에 대한 나의 책임이다.

– 마르틴 부버 –

누군가를 사랑한다는 건 그 사람을 책임진다는 말이다. 반대로 나를 사랑한다는 건 나를 책임지는 일이다. 사랑하기에 인간관계가 이어지고, 인간관계가 깊어질수록 사랑도 깊어진다. 깊어진 사랑만큼 책임도 강해진다. 자기 자신을 누가 책임져 줄 수 있을까. 아무도 없다. 스스로가 스스로를 아끼고 책임져야 한다.

자기사랑의 단계

자기를 사랑하는 일에는 단계가 있다. 첫 번째, 스스로를 이해한다.

나를 사랑하기 위해서는 우선 나를 알아야 한다. 내가 누구인가? 내가 누구인지도 모르는데 어떻게 사랑할 수 있을까. 구해야 얻을 수 있기에, 우리는 스스로를 구해야 한다. 나를 찾는 공부를 하기 위해선 삶을 되돌아봐야 한다. 내가 어떤 특성을 지녔는지, 어떤 장점이 있는지, 어떤 단점이 있는지와 같이 나에 대해 알아가야 하는 시간이 필요하다.

A4용지에 나에 대해 한 번 적어보자. 나에 대한 모든 특성이나 나를 나타내는 것들을 30분 정도 타이머를 설정한 다음 단어만 적어보자. 아무도 보여주지 않기에 정말 솔직하게 적어야 한다. 나도 처음에 적을 때 얼마 적지 못한 페이지를 보며 '내가 나에 대해 아는 것이 이것밖에 없나?'라는 낙담을 했다. 그러나 나를 알아가는 시작의 단계이기에 마음 편하게 써보자.

이러한 나에 대해 알아가는 연습은 지속되어야 한다. 인생은 무상하다는 말처럼 세상은 무조건 변한다. 환경, 사람, 상황 등 모든 것들은 변한다. 그런 변화를 살펴보며 나는 어떻게 변하는지 살펴야 한다.

두 번째, 스스로를 존중해야 한다. 나 자신을 소중하게 대하고 경시하지 않으며, 경멸하지 않아야 한다. 인생에서 내 편이라고 할 수 있는 사람은 오직 나밖에 없다. 모두가 그렇겠지만 책을 쓰고 나서 느끼는 감정은 부끄러움이다. 부족한 내가 이런 책을 썼다는 사실 자체가 부끄러워질 때가 있다. 첫 번째 책을 출판한 뒤 한동안은 그 책을 펴보지 못했다. 그러다 힘든 일이 있어 무심코 책을 펴보았을 때 내가 해야 할 일들을 내가 써놓았던 사실을 깨달았다. 잘 썼다고 생각하지는 못했지만 좋은 책이 되었다는 생각을 하며 책을 덮었다.

이 세상 누구도 나를 평생 응원할 수 없다. 오로지 나 자신만 태어나서부터 죽을 때까지 나를 응원할 수 있다. 부족한 내가 이렇게 응원받아도 되는지에 대한 의구심이 들겠지만 그래도 어쩔 수 없다. 내 팬은 나밖에 없다는 사실을 알기에 나 자신을 응원하고 좋아하고 사랑할 뿐이다. 누구도 나를 구원할 수 없다. 나를 구원하는 것은 나밖에 없다.

> 네 이웃을 네 몸과 같이 사랑하라.
>
> -「마가복음 12장 31절」-

나의 몸과 같이 이웃을 사랑하라는 예수님의 말씀이다. 내가 나를 얼마나 사랑하는가에 따라 이웃사랑 또한 정해진다. 나를 돌보지 않으면 누구도 돌볼 수 없다.

세 번째, 자기를 관리해야 한다. 자기관리가 안 되는 사람은 자기를 사랑하지 않는 사람이다. 건강한 몸에 건강한 정신이 깃든다. 외면과 내면의 균형이 곧 자기관리다.

質勝文則野, 文勝質則史. 文質彬彬, 然後君子.

바탕이 무늬를 넘어서면 촌스럽고, 무늬가 바탕을 넘어서면 형식적이다. 겉모습과 바탕이 잘 어울려야 군자답다.

- 『논어』 「옹야 16장」 -

좋은 선물을 샀는데 쓰레기봉투에 담아서 주면 말이 될까. 포장지는 비싸게 샀는데 속에 쓰레기를 담아서 주면 될까. 좋은 선물은 좋은 포장지에 담아 건네야 한다. 자기관리 또한 마찬가지다. 훌륭한 인성을 갖고 깨끗한 옷차림으로 만날 때 비로소 문질빈빈(文質彬彬)이라는 균형이 맞춰진다. 그렇게 맞춰진 균형이 곧 나를 사랑하는 기반이 된다.

옛날 당나라에서 관리를 등용할 때 사용하던 신언서판(身言書判)이라는 네 가지 기준이 있는데 첫 번째가 바로 신(身)이라는 용모와 태도를 말한다. 그 사람의 용모와 태도를 보고 등용을 결정한다. 깨끗함이 통과되면 그 다음 내면의 말을 보고, 글을 본 다음 마지막으로 판단력을 본다. 무늬와 바탕 모두를 살피는 기준이 바로 신언서판(身言書判)이었다. 선비들의 판단 기준도 이런 자기관리였다. 그만큼 내외면의 자기관리가 중요하다는 말이다.

자기관리가 중요하다고 해서 채찍질만이 능사가 아니다. 적절한 휴식이 병행되어야 긴 여정을 지치지 않고 떠날 수 있다. 몸과 마음의 건강을 위해 휴식해야 함을 잊지 말자. 나는 쉬면 안 된다는 헛생각을 버려야 한다.

네 번째, 나를 이해하고, 존중하고, 올바르게 자기관리를 했으면 이제는 나를 증명해 낸다. 내가 누구인지 아는 사람은 내가 어떻게 살지를 결정할 수 있다.

내가 가진 것을 드러내 명확히 표현할 때 나를 증명한다고 말한다. 증명이란 근거를 표시하는 일이다. 내가 내 삶의 근거를 만들어 내야 한다. 근거가 있으면 당당해진다. 삶에 이유를 만드는 건 내 자신이다. 삶에 이유가 있기에 목표를 향해 열심히 달려간다. 그러한 나 자신이 대견스럽고 당당해진다. 이 과정을 통해 당당해진 나를 사랑하지 않을 수 있을까.

끝없는 의심을 뚫고 나아가야 한다

당당하게 살아가다가도 내면에서는 끝없이 의심이 튀어나온다. 스스로를 의심한다는 건 스스로를 상처 내는 것과 같다. 자기 이해와 존중이라는 연고를 지속적으로 발라야 한다. 인생을 얼마나 흔들리지 않는 자신감으로 살아가는가가 성공으로 가는 시간을 단축시킨다. 치고 올라오는 무한의심을 두더지 잡기처럼 때려잡아야 한다.

에밀쿠에가 한 말을 명심하자. '나는 날마다 모든 면에서 점점 더 나아지고 있다.' 우리는 아침저녁으로 더 나아지고 있음을 잊지 말자.

부동심 갖기

——— 우리가 삶을 잘 살기 위해서는 부동심이 필요하다. 부동심이란 흔들리지 않는 마음을 말한다. 서른에 바로 서면 마흔에 미혹되지 않는다는 공자의 말처럼 흔들리지 않아야 미혹되지 않는다. 많은 유혹에 흔들리지 않기 위해 단단한 부동심이 필요하다.

마음은 왜 흔들릴까. 사실 마음이 흔들리지 않는 제일 쉬운 방법이 있다. 마음이 흔들릴 시간을 주지 않으면 된다. 군대에서 처음 신병교육을 시킬 때 가장 혹독하게 시킨다. 신병 때는 아무 생각이 들지 않고 명령에 따라 바쁘게 움직인다. 밥 먹을 시간도 짧아 입으로 먹는지 코로 먹는지 모르게 먹는다. 저녁 늦게까지 훈련하고 방에 들어가면 얼마 쉬지도 못하고 근무를 서야 한다. 그런데 아이러니하게도 몸은 바쁜데 마음은 편안하다.

할 일이 있으면, 그 일이 바쁘게 돌아가 생각할 시간조차 없을 때 우리는 저절로 흔들리지 않는 마음이 된다. 문제는 바쁜 일이 끝났을 때도 부동심이 이어지면 좋겠지만 길게 이어지기가 어렵다. 이를 해결하기 위해서는 다른 방법을 찾아야 한다.

호연지기

마음이 흔들리지 않으려면 어떻게 해야 하는가. 맹자는 이를 호연지기를 길러야 해결 가능하다고 말했다. 사전에서 말하는 호연지기는 사람이 마땅히 지켜야 하는 도리에 근거를 두고 흔들리지 않는 바르고 큰마음이라고 설명한다. 호연지기는 아주 자유로운 마음이다. 넓은 호수는 돌에 맞았을 때 파문이 일지만 금방 가라앉는다. 작은 것에 얽매이지 않기에 늘 평온하고 편안하다. 이런 마음을 기르기 위해서는 어떻게 해야 할까.

> 其爲氣也, 至大至剛, 以直養而無害, 則塞于天地之間. 其爲氣也, 配義與道, 無是, 餒也. 是集義所生者, 非義襲而取之也. 行有不慊於心, 則餒矣. 必有事焉而勿正, 心勿忘, 勿助長也.
> 호연지기란 지극히 크고 굳센 것이니, 바르게 함양하고 손상을 입지 않는다면 천지 사이에 가득 차게 된다. 그 기는 항상 의(義)와 어울리고 도(道)와 함께 하는 것이니, 이것이 없으면 인간은 시들해진다. 언제나 의(義)를 행하는 동안에 자연히 생기는 것이지, 의(義)를 돌발적으로 행하여 억지로 얻어지는 게 아니다. 사람이 어떤 행위

를 하고 난 뒤 마음으로 뭔가 켕기는 게 있으면 곧 시들해지게 된다. 그러므로 반드시 그것을 힘쓰되, 어떤 목적을 두어서는 아니 되고, 마음속으로 잊지 않되, 일부러 조장해서도 아니 되는 것이다.

- 『맹자』「공손추 상 2장」 -

큰마음을 말로 표현하기는 불가능하지만 맹자는 이를 자세히 묘사해주었다. 호연지기가 있어야만 사람이 생기 있어진다. 이는 올바름을 실천할 때 저절로 생겨나는 것이지 억지로 주입한다고 해서 얻을 수 없다. 우리가 어떤 일을 할 때 올바른 일을 하면 당당하게 행동한다. 바르지 않은 일을 하면 왜인지 모르지만 마음이 불편하고 무언가 켕기는 것 같다.

학생이 열심히 공부를 하고 집에 돌아갈 때의 그 걸음은 당당하다. 자연스럽게 힘이 있고 늦게까지 공부했지만 기분이 좋다. 오늘 계획한 일을 다 이루면 그렇게 기분이 좋을 수가 없다. 반대로 해야 할 일이 있지만 PC방을 가거나 다른 유흥거리를 즐기고 돌아가는 학생의 걸음은 재미는 있었지만 어쩐지 찜찜하고 피곤하다.

이것이 바로 호연지기의 힘이다. 호연지기는 삶에 부끄럽지 않을 때, 정의롭게 살았을 때 길러진다. 이런 마음이 있어야 사람이 생기 있어지고 활기차진다. 어떤 사람이 나에게 당당하게 살라고 아무리 말해도 내 스스로가 떳떳하지 못하면 아무 소용이 없다. 스스로에게 부끄러운데 어떻게 떳떳할 수 있을까.

스스로를 속이지 말라

맹자는 자신의 옳지 못함을 부끄러워하고 타인의 옳지 못함을 미워하는 마음이 의(義)의 단초라고 말했다. 의(義)를 행한다는 건 내가 옳지 못한 행동을 하여 부끄러워하고, 타인의 옳지 못한 행동을 미워하는 일이다. 불기자심(不欺自心)이라. 스스로를 속이지 말라. 자신을 속이지 않으면 상대방도 속이지 않는다.

속인다는 뜻의 기(欺)는 그릇(其)과 하품(欠)이 합쳐진 글자이다. 하품은 입을 크게 벌린 상태이다. 하품이 나는 이유는 몸에 산소가 부족해서 그렇다. 내가 가진 그릇 안이 텅텅 비어 부족한 상태가 바로 기(欺)다. 그릇 안이 비었으면 솔직하게 인정하고 새로 채울 물건들이 무엇이 있나 찾으면 되는데 속이는 사람은 이를 인정하지 않고 허풍떨며 속이 꽉 차있다고 거짓말을 한다. '내가 아는 게 없으니 다른 훌륭한 사람들의 말을 듣고 배워나가야지.'라는 마음이 전혀 없고 내 빈 통을 들키지 않으려고 무던하게 애쓰며, 끝내는 자신조차 그릇 안에 든 것이 많다고 착각하게 만든다.

무식하면 용감하다는 말은 그래서 생긴다. 앎이 부족한데 들키기는 싫다. 나는 내가 꽉 찬 상태라고 믿고 있으니 용감해질 수밖에 없다. 시장에서 좋은 물건을 가진 사람의 목소리가 가장 크다. 당당하기 때문이다. 물건이 별로인 사람은 자신의 물건을 싸게 세일을 해서라도 판다. 상인 중에 속이는 사람은 위에만 질 좋은 물건을 올려두고 그 아래는 질 나쁜 물건을 숨겨둔다. 손님들을 속이는 상인들은 오래 가지 못한다. 집 주변을 둘러봐도 오랫동안 유지되는 상점들은 손님을 속이지 않는다. 속이는 사람들은 한 철 장사 하고 도망간다. 오래 유지되는 상점들은 그만한 이유가 있다.

사람도 마찬가지다. 스스로를 속이는 사람은 오래가지 못한다. 언젠간 들키게 되어 있다. 오랫동안 만나고 싶은 사람은 자신을 속이지 않고 그로 인해 남을 속이지 않는 사람이다. 스스로를 기만하지 말자. 홀로 있을 때 제일 당당한 사람은 떳떳한 사람이다. 도둑질이 오래 못 가는 이유는 마음이 불편해서 어떻게든 실수하게 되기 때문이다. 홀로 있을 때 제일 불안한 사람은 스스로를 속이는 사람이다. 스스로를 속이는데 무엇인들 못 하겠는가.

내면의 힘 기르기

여러 사람을 만나다 보면 멘탈이 정말 강한 사람이 있다. 지나치게 강하면 타인을 무시하고 고집 센 사람으로 살겠지만, 부드러움을 활용하는 강함이라면 역경에도 흔들리지 않는다. 주변에 개의치 않는다. 이들은 내면의 힘이 강하다. 우리는 각자 내면의 힘을 길러야 한다. 내가 강해져야 어떤 일이든 견뎌내지만 마음이 약해지면 작은 일에도 휘둘린다. 타인의 작은 말에 휩쓸려 크게 멀어진다. 이때 우리가 가져야 할 태도는 간단하다. 바로 '신경 끄기'의 태도다.

미국의 억만장자이자 강연자인 덴 페냐는 강연 중에 이런 말을 했다. '당신들이 다 죽는다고 해도 난 아무 신경 쓰지 않아요. 스티브 잡스는 당신에게 관심이 없습니다. 워런 버핏도 당신에게 관심이 없죠. 빌 게이츠도, 일론 머스크도 마찬가지예요.' 덴 페냐는 사람들에게 가르침을 주려고 강연하지 사람들 마음에 드는 말을 하려고 강연하지 않는다. 청중들이 어떤 비판이나 비난을 해도 상관하지 않는다. 그들이 하는 말이 나와 무슨 상관인가.

인생에서 다른 사람을 크게 신경 쓸 필요 없다. 다른 사람 신경 쓰느라 정작 내 인생을 놓치는 바보짓을 하지 말자. 삶에서 무엇이 우선인지 정확하게 인지해야 한다.

신경을 껐다 다시 켤 수 있는 능력이 필요하다. 필요한 일에는 당연히 신경을 곤두세우고 집중해야 한다. 반대로 중요하지 않은 일에는 신경을 끌 수 있어야 한다.

> 惡人罵善人 善人摠不對. 不對心淸閑 罵者口熱沸. 正如人唾天 還從己身墜.
>
> 악한 사람이 착한 사람을 꾸짖거든 착한 사람은 모두 대꾸하지 마라. 대꾸하지 않는 사람은 마음이 맑고 한가롭고, 꾸짖는 자는 입에 불이 붙는 것처럼 뜨겁게 끓는다. 마치 사람이 하늘에 침을 뱉으면 도로 자기 몸에 떨어지는 것과 같다.
>
> -『명심보감』「계성편」-

개가 짖으면 뭐라고 대답할 것인가. 같이 짖을 것인가. 아니면 가볍게 무시할 것인가. 개는 원래 짖는다. 그런 특성을 가진 개한테 한국말로 하라고 말할 수는 없지 않은가.

> 我若被人罵 佯聾不分說. 譬如火燒空 不救自然滅. 我心等虛空 摠爾飜脣舌

내가 만약 남에게 욕설을 듣더라도 거짓으로 귀먹은 체하여 시비를 가리려 하지 마라. 비유컨대 불이 허공에서 타다가 끄지 않아도 저절로 꺼지는 것과 같다. 내 마음은 허공과 같거늘 다 너의 입술과 혀만 나불거리는 것이다.

-『명심보감』「계성편」-

타인의 말에 신경 쓸 필요 없다. 무엇하러 시비를 가리려고 애쓰는가. 타오르는 장작에 땔감을 던져주지 마라.

欲量他人 先須自量. 傷人之語 還是自傷. 含血噴人 先汚其口.

타인을 헤아리고자 한다면 먼저 스스로를 반드시 헤아려라. 남을 해치는 말은 도리어 스스로를 해치는 것이니, 피를 머금어 남에게 뿜으면 먼저 자기의 입이 더러워진다.

-『명심보감』「정기편」-

화를 내며 타인에게 뭐라고 하려고 할 때 먼저 피해는 내가 입는다. 내 입이 더러워지는 것을 막기 위해 시비를 피하는 것이다. 주먹으로 상대방의 얼굴을 치고 싶어도 내 손이 더 아프다.

得忍且忍 得戒且戒. 不忍不戒, 小事成大.

참을 수 있으면 참고, 경계할 수 있으면 경계하라. 참지 않고 경계하지 않으면 작은 일도 큰 일이 된다.

-『명심보감』「계성편」-

작은 일을 크게 만들려면 참지 않으면 된다. 참으려면 신경을 끄면 된다.

> 聞人之謗 未嘗怒 聞人之譽 未嘗喜. 聞人之惡 未嘗和 聞人之善 則就而和之 又從而喜之.
> 남의 비방을 들어도 성내는 일이 없어야 할 것이며, 남의 칭찬을 들어도 기뻐하는 일이 없어야 할 것이다. 남의 좋지 못한 소문을 듣더라도 이에 동조하지 말고, 남의 착한 일을 듣거든 곧 나아가 어울리고 함께 기뻐해라.
>
> -『명심보감』「정기편」-

최고의 태도는 타인의 칭찬이나 비난에 연연하지 않는 흔들리지 않는 태도이다. 초점이 자신에게 있기에 타인의 어떤 말에도 영향을 입지 않는다. 신경 끄기는 나에게만 집중할 때 가능하다.

서울대학교 윤대현 교수가 말한 인간관계 2:3:5의 법칙이 있다. 내가 아무리 열심히 살고 사랑받으려고 해봤자 2명은 날 좋아하고 3명은 날 싫어하며 5명은 아무 관심도 없다. 모두에게 사랑받을 수는 없다. 모두에게 사랑받으려는 노력 자체가 헛고생이다. 모두를 만족시키고자 하는 행동 또한 아무 소용이 없다.

나 또한 마찬가지이다. 내가 모두를 좋아할 수는 없다. 내가 싫어하는 사람이 있을 수 있고 아무 관심 없는 사람이 있을 수 있다.

타인의 일에 신경 쓰지 말고, 타인의 감정에 휘둘리지 말자. 남이 나를 어떻게 생각하든 상관없다. 중요한 건 내가 어떻게 하는가이다.

인생에 초점을 맞춰라

군인은 사격을 잘해야 한다. 사격을 하려면 준비해야 하는 사항이 있는데 그 첫 번째가 조준을 하는 일이다. 목표물이 있어야 사격을 한다. 목표물이 없는 사격은 아무런 쓸모가 없다. 아군을 향한 사격이 될 수 있기에 어떤 목표를 잡을 것인지에 대한 앎이 우선이다. 목표물을 조준하는 것처럼 우리도 인생에 초점을 맞춰야 한다. 그 초점은 나를 향해 있어야 한다. 매사 초점을 자기에게 두어야 한다.

『남에게 보여주려고 인생을 낭비하지 마라』라는 책 제목처럼 보여주기 위한 인생을 살지 마라. 인생은 나를 위해 살아야 한다. 눈치 보는 삶을 살며 인생을 낭비하면 나만 손해다. 나를 위한 삶은 오로지 내 성장에만 힘쓴다. 내 성장에만 힘쓰는 사람은 쓸데없는 데 전혀 관심 갖지 않는다. 내 삶을 살기도 벅차기 때문이다.

『관계력』에서는 타인의 긍정적인 평가를 구걸하지 않는 자세는 관계의 협상력을 다지기 위한 초석이라고 말했다. 누가 알아주기를 구걸하지 말자. 구차하게 살지 말자. 보여주기 위한 삶을 사는 사람들은 늘 초점이 타인에게 있다. 타인만 신경 쓰느라 내 삶을 못 산다. 이 물건을 사면 어떻게 생각할까. 이 행동을 하면 뭐라고 할까. 늘 타인의 의견 쓰기에만 급급해 정작 자기 마음의 소리를 듣지 못한다.

人不知而不慍 不亦君子乎

남이 알아주지 않아도 성내지 않는다면 군자가 아니겠는가.

-『논어』「학이 1장」-

남이 알아주지 않는다고 화낼 필요가 없다. 남이 알아주든 말든 내 인생인데 무슨 상관인가. 남이 알아주면 성공한 삶이고, 남이 알아주지 않는다면 실패한 삶인가? 그저 내 스스로 떳떳하면 된다. 스스로 날마다 어제보다 나은 오늘이 되었는지 살피고, 늘 성장하는 사람이었는지 살피고, 내가 삶을 올바르게 살고 있는지 살피며 살아간다면 타인을 신경 쓸 겨를이 없다.

해야 할 일이 있는 사람에겐 불평과 불만이 없다. 달려가고 있는 사람에게 지금 무슨 생각하는가를 물어보면 무슨 생각을 하겠는가. 목적지만 보고 달릴 뿐이다.

> 古之學者爲己, 今之學者爲人.
> 옛날의 학자들은 자기를 위하여 배웠지만, 지금의 학자들은 남에게 알려지길 위하여 배운다.
>
> -『논어』「헌문 25장」-

과거 조상들은 자기를 위한 공부를 했다. 공부를 하는 목적은 자기 수양을 위함이었다. 그러나 요즘은 타인을 위한 공부만 한다. 타인을 위한 공부는 보여주기 식의 공부다. 읽지도 않은 책을 책장 가득하게 쌓아두기만 하고 사진만 찍은 그런 행동들이 타인을 위한 공부이다.

과거에도 스스로의 성장을 위해 사는 사람이 있었지만 반대로 유명해지기 위해 공부하는 사람도 있었나보다. 사람 사는 것은 2천 년 전이든, 지금이든 비슷하다. 다만 사용하는 도구나 방법들이 변했을 뿐이다.

남보다 나부터 살펴라

타인 생각을 멈추고 나만 생각하자. 나 자신을 삶의 우선순위 1순위에 올려두어야 한다.

> 不患無位, 患所以立. 不患莫己知, 求爲可知也.
>
> 지위가 없음을 걱정하지 말고 그 자리에 설 수 있는 능력을 갖추기를 걱정하라. 자기를 알아주지 않는 것을 걱정하지 말고 남이 알아줄 만하게 되도록 노력해야 한다.
>
> -『논어』「이인 14장」-

내가 그 자리에 갈 수 있는 능력을 먼저 갖춘 다음에 그 다음 일이 결정된다. 능력은 없는데 무슨 일을 할지를 고민하는 것은 사치다. 누군가 내 능력을 알아주기를 걱정할 필요가 없다. 주머니 안에 있는 송곳은 그대로 드러나기 마련이다. 내가 사원인데 사원의 일보다 월등히 많은 일을 해내고 폭발적으로 성장한다면 알아서 나를 쓰려고 찾아올 것이다. 진정한 맛집은 시골 끝자락에 있어도, 그곳이 아무리 허름해도 사람들은 찾아간다.

> 不患人之不己知, 患不知人也
>
> 남들이 나를 알아주지 않는 것을 걱정하지 말고, 내가 남을 알지 못하는 것을 걱정하여라.
>
> -『논어』「학이 16장」-

그러니 헛된 걱정, 고민하지 말고 내가 상대방을 살피지 못했는지부터 먼저 살펴야 한다. 이 또한 내가 먼저이기에 고민해야 하는 문제이다.

已矣乎. 吾未見能見其過而內自訟者也.

다 글렀구나! 나는 아직 자기의 허물을 보고서 마음속으로 반성하는 사람을 보지 못했다.

- 『논어』「공야장 27장」 -

내가 반성해야 할 것을 스스로 찾아 반성한다. 남의 허물은 볼 필요도 없다. 아무 소용이 없는 짓은 안 해야 한다.

내 소관을 구분하라

인생은 내가 할 수 있는 것과 할 수 없는 것을 구분하는 지혜가 필요하다. 자기 소관을 구분해야 한다. 내가 맡아서 관리하는 범위가 어디까지인지 명확하게 알아야 한다. 내 소관이라면 신경 써야 하겠지만 내 소관이 아닌 일은 전혀 신경 쓰지 말자.

내 소관과 남의 소관을 제대로 구분함으로써 바랄 것만 바란다면, 그 누구로부터 강요당할 일도, 방해받을 일도, 누구를 원망하거나 비난할 일도 없고, 하기 싫은 것을 억지로 해야 할 일도 없다.

- 에픽테토스 -

내가 할 수 없는 것에 해당하는 것들은 철저하게 무시하라. 자유를 얻고 싶다면 반드시 그러해야 한다. 타인의 일에 신경 쓰지 않는 태도, 내 일과 타인의 일을 명확히 구분하는 지혜가 있어야 자유를 얻는다.

그 일이 내가 할 수 있는 일인지부터 먼저 확인해야 한다. 내가 할 수 없다면 잊으면 된다. 내 소관도 아닌 일에 힘쓰는 짓을 하지 말자. 걱정이 불안을 부른다. 그 일을 내가 걱정할 일인지도 먼저 생각해야 한다.

부정성 없애기

인간관계는 거울과 같다. 상대방은 내가 비추는 대로 스스로를 보여준다. 내 심리가 불안하면 말도 불안해지고, 말이 불안해지면 관계가 성립되기 어렵다. 불안하기에 흔들리고, 내가 흔들리기에 삶도 흔들린다. 아무도 태어나면서부터 비관적으로 태어나지 않는다. 살아가며 학습되었을 뿐이다.

불안은 부정적인 생각에서 비롯된다. 부정적인 생각은 마음을 어지럽히고, 어지럽혀진 마음은 어지럽힌 행동을 부른다. 내면의 거울을 더럽히는 부정성부터 없애야 한다.

흔들리지 않으려면 나를 흔드는 부정성부터 없애야 한다. 나를 부정하려는 마음이 있지만 이를 자화자찬으로 이겨내야 한다. 나를 부정하는 말을 한 번 하면 칭찬을 네 번 해야 부정의 늪에서 빠져나올 수 있다.

부정성은 의심을 부른다. 의심은 자신감에 균열을 만든다. 즐거워하며 행복하려고 할 때 갑자기 불현듯 떠오른 의심이 내 뒷목을 잡아챈다. 이때 부정성을 깨트리고 내 할 일을 해야 한다. 『MBTI 철학자』에서는 이렇게 말한다. '불행한 사건 앞에서도 자신이 꼭 해야 할 그 일을 놓아버리지 않고 철저하게 계획을 세워 해낸다. 사람들과 끊임없이 소통하면서 말이다.' 불행 앞에서도 담담하게 맞서 할 일을 해나가는 사람이 용기 있는 사람이다.

내가 원하지 않으면 상처입지 않는다

상처는 스스로가 만들어 낸다. 타인의 공격으로 첫 번째 화살은 맞더라도 내가 그에 대응하여 일으키는 부정적인 마음과 감정소모라는 두 번째 화살은 맞지 말자.

> 그 누구도 내가 원하지 않는 한 내게 아무런 해를 끼칠 수 없다. 하지만 내가 해를 입었다고 생각하면 해를 입게 된다.
>
> \- 에픽테토스 -

헛소리를 들으면 흘리면 된다. 별 내용 아닌 일로 삶이 무거워진 순간 발에 족쇄를 찬 것과 같다. 바보가 감기에 걸리지 않는 이유는 스트레스를 받지 않아서 그렇다. 누가 뭐라고 해도 헤헤하며 웃고 넘긴다. 스티브 잡스도 스탠포드 졸업식에서 마지막에 'Stay Foolish'라고 말했다. 말 그대로 해석하면 바보처럼 남아 있으라는 말이다. 물론 우직함을 의미하기도 했지만 다른 말로 해석하면 바보처럼 행동하며 두 번째 화살을 맞지 말라는 조언이 아니었을까.

바라지 말라

「보왕삼매론」에는 열 가지 큰 장애를 이기는 수행법이 있다. 핵심은 어떤 것이든 바라지 않아야 한다. 누구에게도 구걸하지 않는 당당한 삶이어야 부동심을 갖는다. 마음이 움직인다는 건 바람이 있기에, 그 바람에 휩쓸려 날아가기 때문이다. 무언가를 바라는 바람이 없다면 나를 흔드는 바람 또한 사라진다.

첫째, 몸에 병이 없기를 바라지 마라. 몸에 있는 병은 내가 살아 있음을 확인시켜 주는 감사한 병이다. 병을 얻고 더 이상 나빠지지 않도록 관리하게 만들어 준다. 병이 찾아오면 감사하다 여길 뿐이다.

둘째, 세상살이에 어려운 일이 없길 바라지 마라. 어려운 일이 없으면 평생 성장하지 못한다. 삶의 굴곡을 거치며 강인해진다. 어쩌면 그만한 일이 있었기에 지금의 내가 있는지도 모른다.

셋째, 공부하는 데 마음에 장애가 없길 바라지 마라. 마음에 장애를 극복하기 위해 공부하지 그러한 장애가 오지 않기를 바라는 건 공허한 바람이다.

넷째, 수행에 마(魔)가 없길 바라지 마라. 삶에는 당연히 나를 유혹하는 다양한 것들이 많다. 그러한 유혹을 이겨내는 것 또한 수행이다. 평온한 곳에서 수행해 봤자 아무 소용이 없다.

다섯째, 일을 도모함에 쉽게 되기를 바라지 마라. 쉽게 해결되는 일은 쉽게 생겨난다.

여섯째, 사람을 사귐에 있어 이롭기를 바라지 마라. 상대가 내게 이롭기에 만나는 것이 아니다. 독립이 안 되면 늘 의지하기에 이로움을 바란다. 내가 무엇을 해줄지 먼저 생각해야 한다.

일곱째, 남이 내 뜻대로 순종해 주기를 바라지 마라. 누구도 내 뜻대로 움직이지 않았다. 우리가 부모님 말씀을 듣지 않았던 것처럼 누구도 내 말대로 하지 않는다. 그런 기대조차 하지 마라.

여덟째, 덕을 베풀되 대가를 바라지 마라. 왼손이 한 일을 오른손이 모르게 하라. 자랑하고 싶어지는 그 마음을 이겨내는 것이 수행이다.

아홉째, 이익을 분에 넘치게 바라지 마라. 늘 삶에는 분수가 정해져 있다. 내가 가진 그릇 이상으로 받으려 할 때 그릇은 반드시 깨진다.

열째, 억울한 일을 당할 때 해명을 하려 하지 마라. 해명하는 순간 같이 엮여 들어간다. 불타는 곳에 장작을 계속 넣지 마라.

마음이 움직이지 않도록 유의해야 한다. 도망간 동물을 찾듯이 잃어버린 마음을 찾아야 한다. 부동심은 스스로를 속이지 않고 자기 마음이 떳떳할 때 생긴다. 그렇게 생겨난 부동심의 불을 바람으로 꺼트리지 말아야 한다.

> 人有雞犬放 則知求之 有放心 而不知求. 學問之道無他. 求其放心而已矣.
>
> 사람은 닭과 개가 달아나면 찾을 줄을 알면서, 마음을 잃고서는 찾을 줄을 알지 못한다. 학문하는 방법에는 다른 것이 없다. 자신의 도망간 마음을 찾을 뿐이다.
>
> -『맹자』「고자 상 11장」-

우리가 하는 공부는 도망간 마음을 잡아 오기 위한 공부다. 부동심은 영원하지 않다. 늘 변하는 마음을 변하지 않게 잡고 있기에 부동심이 된다. 늘 자신의 마음을 살피고 잃어버리지 않도록 챙겨야 한다. 방심하지 말자. 마음을 풀어놓고 기르기엔 유혹이 너무 많다.

대장부의 삶

대장부는 말 그대로 큰 어른 남자를 의미한다. 남자다운 남자가 바로 대장부다. 사람은 큰 사람이 되어야 한다. 이를 대인(大人)이라 말한다. 큰 사람인데 몸만 큰 것이 아니라 어른이 되어야 한다. 책임을 질 수 있는 사람이어야 한다. 부(夫)는 지아비를 의미하는데 집 안의 가장을 말한다. 집이라는 가정을 책임지려면 스스로를 먼저 책임져야 한다. 큰 대인의 마음을 가진 어른이 책임감을 갖고 당당하게 살아갈 때 그 사람을 대장부라고 부른다.

> 居天下之廣居, 立天下之正位, 行天下之大道. 得志與民由之, 不得志獨行其道. 富貴不能淫, 貧賤不能移, 威武不能屈. 此之謂大丈夫.
> 대장부라면 모름지기 천하의 가장 넓은 곳에 살며, 천하의 가장 바른 지위에 서서, 천하의 가장 큰 도를 행하여야 하오. 그리하여 뜻을 이루면 백성과 더불어 말미암고, 뜻을 얻지 못하면 홀로 그 도를 행하여, 부하고 귀하여도 능히 음란하지 않고, 가난하고 천하여도 능히 지조를 잃지 않으며, 위엄과 힘을 가지고도 능히 굽힐 수 없는, 그런 사람이야말로 대장부가 아니겠소?
>
> – 『맹자』 「등문공 하 2장」 –

대장부는 부동심을 가졌다. 절대 흔들리지 않는다. 왜 흔들리지 않을까. 큰길을 두고 작은 길로 가지 않기 때문이다. 큰길은 도(道)를 말한다. 자신이 생각한 길이 아니면 걸어가지 않는다. 작은 길은 지름길이다. 지름길이 빠르다고 생각하지만 정도로 가는 것보다 더 위험하고 얻어야 할 것들을 제대로 얻지 못한다. 삶의 환경에 개의치 않고 당당하게 사는 삶이 대장부의 삶이다.

부동심을 이루었다면 이젠 독립할 준비가 되었다고 본다. 마음이 흔들리지 않아야 일어섰을 때 몸이 흔들리지 않는다.

독립하기

——— 인간이란 사회적 관계를 유지하는 동물이다. 그렇다면 다른 사람과 올바른 관계를 형성하기 위한 첫 번째는 무엇일까. 바로 독립이다. 흔히 독립을 떠올리면 성인이 되어 집에서 나와 혼자 사는 삶을 떠올리지만 꼭 독립이라고 해서 물리적 독립만을 의미하지 않는다. 여럿이 있을 때에도 독립적이고, 혼자 있을 때에도 독립적이어야 한다. 정신적, 물리적 독립이 우선되어야 좋은 관계가 가능하다.

독립의 의미를 명확하게 알고 독립적인 존재로 나아가야 한다. 독립이란 의존하지 않고 홀로 서 있는 상태이다. 핵심은 그 누구에도, 어디에도, 무엇에도 의존하거나 기대지 않는 태도이다. 인(人)이라는 글자에서 기대고 있는 사람이 되지 말고 받치는 기둥과 같은 사람이 되어야 한다. 독립이 완성되어야만 비로소 남을 도와줄 수 있는 조건이 완성된다.

비행기를 타면 안내사항이 나온다. 만약 사고가 나면 산소마스크가 천장에서 내려오는데 이를 부모들이 먼저 착용한 다음 자녀에게 착용시켜야 한다. 자녀를 먼저 착용시켰다가 부모가 잘못되면 자녀를 장기적으로 돌볼 수가 없기 때문이다.

관계도 마찬가지다. 내가 먼저 건강한 삶을 살지 못하면 그 이후의 진행은 불가능하다. 내가 변하지 않으면 어떤 사람을 만나든지 똑같은 것을 찾으려 든다. 자존감이 없으면 내 자존감을 채워줄 사람만 만난다. 열등감이 있으면 내 열등감을 건드리지 않는 사람만 만난다. 내가 필요한 사람만 찾고 의지하게 된다. 이를 인연의 편식이라 말한다. 편식은 영양의 불균형을 만든다. 인연의 편식 또한 우리 관계의 불균형을 낳는다.

의지하지 않는 사람만이 개인의 의지가 생긴다. 어떤 일을 하고자 하는 마음은 주도적일 때 생긴다. 누군가에게 의지할 때는 일을 해내기보다 따라가기 바쁘다. 심지를 굳혀야 한다. 마음속에 품은 강한 의지가 있어야 흔들리지 않는다.

철학이 있는 사람은 흔들리지 않는다. 삶에 대해 어떤 철학을 갖고 있는가. 독립하는 사람은 철학은 가진 사람이다. 나 자신을 이끌 사람은 나밖에 없다는 사실을 깨닫고 책임 있게 살아가는 사람이다.

독립은 이러한 부족함 없이 홀로 있어도 괜찮을 때, 세상의 풍파를 홀로 맞아 모난 부분이 깎여 동그랗게 변했을 때를 의미한다. 고생해야만 독립이 되는 것은 아니다. 홀로 서서 인생을 마주할 용기를 갖고 나섰을 때 독립은 시작이다. 누구나 부족함을 가졌지만 그 부족함을 인정하고, 개의치 않고 당당하게 나아갈 때 우리는 독립이라 말한다.

서른에 바로 선다

스스로 바로 섰을 때 이를 자립(自立)이라 하고, 홀로 꿋꿋하게 자립하여 잘 살아갈 때 이를 진정한 독립(獨立)이라 말한다. 공자도 바로 섬을 강조했다.

> 吾十有五而志于學, 三十而立, 四十而不惑, 五十而知天命, 六十而耳順, 七十而從心所欲, 不踰矩.
>
> 나는 열다섯에 배움에 뜻을 두었고, 서른이 되어서는 자립했다. 마흔이 되어서는 흔들리지 않았고, 쉰이 되어서는 천명을 알았다. 예순이 되어서는 귀가 순해졌고, 일흔이 되어서는 마음이 가는 대로 행동해도 법도를 넘지 않았다.
>
> - 『논어』「위정 4장」 -

배움에 뜻을 두는 데 15년이 걸리고, 뜻을 둔 다음 바로 서는 데 15년이 걸린다. 서른에 이립(而立)이다. 제대로 서기까지 30년이나 걸린다. 바로 선 다음 10년을 공부하면 불혹(不惑)의 나이다. 미혹됨이 없고, 흔들림이 없다. 이랬다저랬다 하지 않는다. 바로 선 다음 단단하게 뿌리내렸기 때문이다. 배운 바를 바탕으로 명확한 삶의 기준을 설정했기에 절대 흔들리지 않는다.

뜻을 세워 흔들림 없이 공부하면 뜻밖의 일이 벌어지지 않는다. 내 뜻의 밖에 있는 일들에 대해 철저하게 대응할 수 있기에 모든 일을 내 뜻 안에서 해결할 수 있다. 바로 서서 미혹되지 않기 위해선 뜻부터 분명하게 세워야 한다. 누구에게도 의지하지 않고 분명하게 바로 서서 당당하게 살아가겠다는 뜻 말이다.

독립이 어려운 이유

사람이 독립하지 못하는 이유는 무엇일까. 여러 가지 이유가 있겠지만 독하게 말하면 게으르기 때문이다. 타인에게 의지하는 삶이 너무도 편안하다. 아기에겐 어머니 양수 속에 있을 때가 가장 편안하지만 10개월이 지나면 스스로 숨 쉬는 세상으로 나와야 한다. 그래야만 그다음 삶을 온전히 살아간다. 평생 따뜻하고 편안한 어머니의 양수 속에서 살아갈 수 없다.

다양한 인간관계를 맺으며 무의식적으로 의존할 수 있다. '이 정도는 괜찮겠지'라는 생각은 점차 편안함이라는 늪에 빠지는 도화선이 된다. 누구에게도 의존하지 않고 스스로 강해져야 한다.

> 자기 자신을 등불로 삼고 자신을 의지하라. 진리를 등불로 삼고 진리를 의지하라. 이밖에 다른 것에 의지해서는 안 된다.
>
> \- 부처 -

부처님의 마지막 유언으로 유명한 말이다. 스스로를 등불로 삼아라. 누구에게도 의존하지 말고 내가 공부하고 경험하며 쌓아온 명확한 기준을 통해 살아가야 한다. 세상의 혼돈 속에서 자신을 잃지 말고 단단하게 살아가라. 세상이 말하는 좋은 것을 찾아다니는 것보다 내 스스로가 찾아낸 나의 길과 신념, 생각과 방향을 기준으로 삼기를 바라는 말씀이다.

> 노루가 사냥꾼의 손에서 벗어나는 것 같이, 새가 그물 치는 자의 손에서 벗어나는 것 같이 스스로 구원하라.
>
> -「잠언 6장 5절」-

예수님도 말씀하셨다. 스스로를 구원하라. 누가 나를 구원할 수 있는가. 나 자신밖에 없다. 스스로 일어서서 두 발로 걸어가야 한다. 내 삶이지 남의 삶이 아니다.

> 가르침을 얻었으면 그것을 법으로 알고 지키도록 하라. 만약 하나라도 어기면 신성 모독죄를 저지르는 것으로 여겨라.
>
> - 에픽테토스 -

무언가를 배웠으면 이를 반드시 지킬 수 있어야 한다. 독립을 배웠으면 이를 법으로 삼아 지켜야 한다. 이정도 각오를 하지 않으면 온전한 독립이 불가능하다.

혼자 있을 수 있는 연습이 되어야 홀로의 삶을 견딜 수 있다. 홀로의 삶을 견디지 못하면 의존해야 할 누군가를 찾게 된다. 마치 사막에서 물을 구하는 것처럼 목마른 이는 구정물조차 마시게 된다.

'너 없으면 살 수 없어.'라는 말은 거짓말이다. 너 없어도 살 수 있고 나 없어도 잘 살 수 있다. 초등학교 때 보조바퀴 달린 자전거를 타다가 보조바퀴를 분리한 날이 기억난다. 보조바퀴 달린 자전거는 안정성이 높아 절대 넘어질 위험이 없지만 오로지 두 바퀴로만 가는 성인용 자전거는 넘어질 확률이 높았다. 처음에는 뒤에서 누군가 잡아줬지만 몇 번 넘어지고 하다 보니 어느 순간에는 넘어질까 봐 두려워하는 마음보다 더 멀리, 빠르게 가고 싶은 두근거림이 생겼다.

인생도 마찬가지다. 누군가라는 보조바퀴가 있을 때 안정적으로 갈 수 있다. 하지만 평생을 보조바퀴를 타고 갈 수는 없다. 우리는 다 큰 성인이기 때문이다.

독행천리 백절불굴(獨行千里 百折不屈)이라. 홀로 천 리를 걸어가되 백 번 꺾여도 굴하지 않는다. 그렇게 독행(獨行)하며 나아갈 때 단단한 삶이 된다.

온전한 독립이란

독립한 사람은 좋은 관계를 맺을 수 있다. 홀로 설 수 없으면 늘 기댈 곳을 찾는다. 기댈 곳만 찾는 사람은 기둥이 되어줄 사람만 찾게 되고, 나에게 기대려는 사람은 밀어낸다. 의지하다(依)라는 글자를 보면 홀로 서 있는 사람(亻)과 옷(衣)이 합쳐져 있음을 알 수 있다. 내 옷이 되어줄 사람, 내 보호막이 되어줄 사람을 찾는 것이 남에게 의지한다는 뜻이다.

의지한다는 말에는 남 탓이 포함된다. 남 탓을 한다는 건 책임지지 않는다는 말이다. 모든 일을 내가 책임지고 하는 게 아니라 상대방이나 환경 탓을 할 때 우리의 내면에서는 의지가 싹튼다. 의지하지 않으려면 모든 일을 내 책임으로 여겨야 한다. 전쟁이 나도 내 책임이고,

세상이 망해도 내 책임이다. 남 탓하지 않고 세상만사 내 탓이라고 여기면 도리어 힘이 난다. 내가 모든 일을 해내야 하기에 우물쭈물할 시간이 없다.

시간이 왜 빠른지 아는가. 시간에겐 변명도 없고 하소연도 없고 불만도 없다. 시간의 흐름엔 걸림돌이 없다. 시간은 정직하게 흐르고 남 탓 없이 우직하게 자신의 일을 한다. 그래서 절대로 멈추지 않는다.

모든 일을 해내는 사람은 절대 남 탓이 없다. 이 프로젝트가 실패한 이유는 무엇인가. 내 탓이다. 그러니 이 프로젝트를 성공시키기 위해 모든 방법을 강구하고 성공시키겠다는 방향으로 나아간다. 하지만 남에게 의지하는 사람은 이건 내 잘못이 아니야. 여건이 어려웠고, 지원이 없었고, 어려운 일이었어. 내가 맡은 일도 아니니까 상관없지. 이런 태도를 가진 사람은 늘 남 탓만 하며 상대에게 의지한다. 그러니 잘될 턱이 있나.

> 人有恒言 皆曰'天下國家. 天下之本在國, 國之本在家, 家之本在身.
> 사람들이 늘 말하기를 모두들 '천하, 나라, 집'라고 말한다. 천하의 근본은 나라에 있고, 나라의 근본은 집에 있고, 집의 근본은 자신에 있다.
>
> -『맹자』「이루 상 5장」-

천하의 근본은 나 자신에게 있다. 내가 독립하면 온 세상이 독립하고 내가 실패하면 온 천하가 실패한다. 무엇이 우선인가. 나 자신이다.

독립된 사람의 시각

내가 독립되어야 세상도 독립적으로 바라본다. 내가 독립하면 상대방을 독립적으로 바라볼 수 있다. 집착하지 않으며 있는 그대로를 바라볼 수 있게 된다. 우리가 누군가에게 집착하지 않아야 하는 이유는 상대 또한 객체로 존중되어야 하기 때문이다. 상대방을 인정하기 위해선 독립적인 시각이 필요하다.

인생은 무상(無常)하다. 인생은 일정하지 않고 늘 변한다. 어제의 나와 오늘의 내가 다르다. 늘 변하는 삶이다. 내가 아끼고 없으면 죽을 것 같은 것들도 모두 변한다. 내가 좋아하는 내 얼굴도, 내가 좋아하는 사람도, 내가 좋아하는 것들도 모두 변하기 마련이다. 그러니 집착하지 말자.

부모는 아이들을 독립적으로 바라보아야 한다. 성인이 되었으면 성인에 걸맞게 대접해줘야 한다. 여전히 내 품에 안겨 있던 3살 어린아이처럼 대해서는 안 된다. 독립된 부모라면 이러한 과정이 자연스럽지만 그렇지 못한 부모는 자식을 독립적인 성인으로 바라보기가 힘들다. 내 자식으로 바라보지 한 명의 성인으로 대하지 못한다. 성인이 된 자식들의 시각으로는 집착하는 부모들이 이해가 가지 않는다. 다 컸다고 하는 자녀의 말에 알겠다고는 말하면서 여전히 어린 아이로 대하곤 한다.

이는 상호독립이 되지 않아서 벌어지는 일이다. 비단 부모와 자녀 관계뿐만이 아니다. 부부관계, 친구관계도 마찬가지다. 우리는 모두 상호독립을 위해 힘써야 한다. 서로 마주한 '人'에서 한쪽이 과부하 걸리면 금방 무너지고 만다. 무너진 관계를 다시 회복하기는 쉽지 않다. 그러니 얼른 독립해서 상대를 독립적인 주체로 인정할 수 있는 힘을 가져보자.

관계의 대물림 끊기

관계는 대물림된다. 부모님이 나와 맺어왔던 모든 관계의 과정은 부모님의 부모님이 맺었던 관계와 같다. 내 상사가 하는 행동이나 말들은 상사의 상사에게 배운 관계에서 비롯되었다. 이는 공식과도 같다. 밀가루를 넣으면 빵이 나오는 것이다. 내가 밀가루 상태로 빵틀에 들어갔을 때 똑같은 모양의 빵이 나올 수밖에 없다.

관계는 이 대물림을 끊어내는 것부터 시작한다. 물론 좋은 관계를 맺고 있다면, 그래서 편안한 삶을 살고 있다면 그 대물림을 끊을 필요도, 끊어서도 안 된다. 좋은 집안이란 좋은 문화를 대물림하는 집안이다. 돈이 많다고, 명예가 높다고 좋은 집안이 아니다. 선한 관계의 대물림, 그런 문화의 대물림이 선순환을 부른다.

문제는 잘못된 대물림이었을 때 일어난다. 나쁜 문화도 그대로 대물림된다. 우리의 목표는 독립함으로써 관계의 대물림을 단칼에 끊어내는 일이다. 사실관계의 대물림을 끊으려면 새로운 관계를 보면 된다. 전혀 다른 세상을 보면 삶의 선택지가 달라진다. 하지만 그럴 기회가 많지 않기에 우리는 스스로 대물림을 끊어낼 방법을 찾아야 한다.

잘못된 대물림을 끊어내려면 먼저 인식이 우선되어야 한다. 내가 머

물고 있는 환경이 정확히 어떤지에 대한 객관적인 인식이 되지 않고서는 벗어날 수 없다. 끊어낼 끈이 어디서부터인지를 알아야 끊어내는 것처럼 무엇이 잘못되었고, 어디서부터 고쳐야 하는지 살피는 인식과정을 가져야 한다.

인식이 되었다면 나만의 선택지를 가져야 한다. 어떤 선택지가 있느냐에 따라 행동이 달라진다. 그 선택지는 내 노력에 의해 바뀐다. 우리가 공부를 해야 하는 이유가 여러 가지 있지만 그중의 하나가 바로 이 관계의 대물림을 끊기 위함이다. 책 속에는 다양한 사람의 의견이 들어 있고, 다양한 가정과 관계의 유형이 있다. 책을 읽다 보면 무엇이 옳은지, 그른지를 따져볼 수 있는 질문을 스스로에게 던지게 된다. 독서를 통해 자기인식이 좀 더 쉬워지고, 변해야 한다는 인식이 생기며, 다른 방향을 찾는 시도를 한다.

책만 보면 다 되는가? 그건 아니다. 책을 보고 생각해야 한다. 어떤 선택을 해야 하는지에 대한 질문을 던지고 책을 읽어야 한다. 질문을 해야 답을 구하듯 책에 물어야 책이 그 답을 알려준다.

여행을 해보는 것도 좋다. 여행은 견문을 넓힌다. 견문이란 보고 들으면서 깨달은 지식이다. 새로운 환경에서 새롭게 생각하는 나를 발견한다. 낯선 곳에서 새롭게 시도하는 나를 찾게 된다. 기존의 편안함에서 벗어난 상태이기에 새로운 선택지를 얻을 확률이 높아진다. 사실 함께 여행하는 것보다 혼자 여행하며 더 많이 얻을 수 있다. 독립적인 선택을 할 수 있는 조건이 갖춰질 수밖에 없다.

나는 중학교 2학년 여름방학부터 대학교에 다닐 때까지 늘 혼자 여행을 다녔다. 혼자 여행을 다니며 사람도 새롭게 만나고, 새로운 가정에도 들어가 보고, 독립적으로 선택하는 연습을 꾸준히 했었다. 이런 연습을 통해 혼자를 즐기고 독립적으로 사고하고 선택하는 일을 지속적으로 시도했다. 그 덕분에 관계에 연연하지 않는 단단한 나를 만들어갈 수 있었다.

주객전도 되지 않은 삶

내 방어는 온전히 내가 해야 한다. 싫다고 말하는 것도, 좋다고 말하는 것도, 삶에서 이루어지는 모든 판단도 내 스스로 해야 한다. 모든 일을 스스로 결정하고 판단했을 때 비로소 우리는 주체적인 삶이 가능해진다.

만약 독립적인 존재가 되지 못하면 어떤 일이든 남에게 의지하고 주체적으로 결정할 수 없게 된다. 늘 주인의 입장이 아닌 손님의 입장에서 말하고 듣게 된다. 내 판단이 아닌 상대방 판단에 끌려가고, 내 기쁨이 아닌 상대의 기쁨에 얽매인다. 이를 다른 말로 주객전도 된다고 말한다. 독립적이지 못하면 주객전도 된 삶을 산다.

어떻게 하면 주객전도 된 삶을 막을 수 있을까.

첫째, NO라고 할 수 있는 용기를 갖자. 어릴 때 낯선 사람이 만지면 '안돼요. 싫어요. 하지 마세요.' 라고 소리 치라고 배웠다. 이처럼 내 경계를 침범하는 사람에게는 즉각적으로 안 된다고 말해야 한다. 관계에는 경계선이 반드시 필요하다. 이 경계선은 내가 정해야 한다. 내가 정한 선을 넘었을 때는 단호하게 대처해야 한다. 그래야 상대방도 내 상태나 기분을 인지한다.

야심한 밤에 굳이 창고 문을 활짝 열어놓을 필요가 있을까. 도둑이 고맙다고 편안하게 훔쳐갈 때 이를 본 주인이 도둑을 탓하는 것도 웃기다. 우선 문단속부터 철저하게 했어야 하지 않을까. 경계선을 넘은 사람에게 확실한 경고를 해주는 것이 나와 상대 모두를 위한 길이다.

모든 만남은 일정한 거리가 필요하다. 심지어 부부 사이나 부모와 자식관계에도 통용된다. 부부가 서로의 선을 함부로 침범하고, 부모가 자식의 선을 넘었을 때 그 관계는 어그러지기 시작한다. 가장 가까운 사람에게 침범받은 경험은 바깥 환경에서도 침범받아도 된다는 암묵적 합의로 변한다. 그러니 가장 가까운 사이에서부터 선을 잘 지켜야 한다.

둘째, 스스로의 의견을 물어보자. 내가 진짜 원하는 것은 무엇인가? 이것이 내 의견인가? 아니면 상대의 의견인가? 내 판단인가? 내가 결정한 일인가? 이러한 질문을 수시로 던져야 한다. 내가 주체적으로 결정한 일이 아니라면 모두가 독립적인 판단이 아니다.

독립하려면 스스로가 존귀함을 알아야 한다. 부처님이 천상천하유아독존이라 말한 이유는 이 세상에서 오로지 내가 홀로 존귀하다는 말이다. 여기에서 '독존'이라는 말이 중요하다. 독립해야만 비로소 존귀해진다.

> 夫以人言善我, 必以人言罪我.
> 남의 말에 의해서 대접을 잘해준다면 또 나중에 남의 말을 듣고 나를 죄인으로 만들 수 있다.
>
> -『한비자』「설림 상 14장」-

내 의견이 없으면 늘 타인의 말에 흔들린다. 문제는 타인의 의견에만 휩쓸리니 귀가 얇아져 금방 태도가 변한다. 이를 막기 위해 진짜 내 의견이 무엇인지를 살펴야 한다. 타인의 기대에 휘둘리지 말자. 다양한 의견을 듣되 최종 결정은 내가 내려야 한다. 결정권을 남에게 맡기지 말자. 결정도 연습이다. 결정해 보지 못한 사람은 아무 결정도 내리지 못한다. 가장 먼저 오늘 점심 메뉴부터 고르는 연습을 해보자.

셋째, 나만의 가치관을 확립하자. 독립하는 것은 내 의견을 말할 수 있는 사람이고, 내 의견이 있다는 건 나만의 가치관을 가진 사람이다. 그런 사람은 주인으로 산다. '아무거나'라는 말이 아니라 나만의 선택을 할 수 있어야 한다.

나를 찾아가는 여행이 주인이 되는 과정이다. 다른 사람들과 이야기하면서 내 가치관을 확립시킬 수도 있다. 여행을 하면서도 가능하다. 새로운 환경에 내던져진 상태로 내가 어떻게 반응하는지 살피는 것도 도움이 된다. 독서를 해도 좋다. 타인의 가치관을 내 것으로 변환해서 확립해도 된다. 수많은 방법을 활용해서 어떤 가치관이 있는지부터 배우고, 무엇이 올바른지 생각하며 나만의 가치관을 확고하게 세워야 한다.

그런 과정에서 내가 옳다는 마음이 아니라 어떤 것이 올바른지를 생각해 보고, 상황에 따라 달라질 수 있음을 인지하며 찾아가야 한다.

삶을 주객전도하여 살지 말자. 관계도 마찬가지다. 나를 남에게 맡기지 말자. 내 삶을 남의 삶 살듯이 살지도 말자. 한 번뿐인 인생인데 주인으로서 살다 가야 하지 않을까.

세이 노

최근 서점에 『세이노의 가르침』이라는 제목의 책이 보인다. 본명과 정체를 가린 후 세이노라는 필명으로 인생의 지혜에 대해 글을 썼다. 세이노란 'Say No'를 그대로 읽었을 때를 말한다. 사회의 고정관념에 'No!'를 외칠 수 있어야 한다는 뜻에서 지었다고 한다.

인생은 'Yes'보다 'No'를 얼마나 잘하는가에 따라 달라진다. 안 해야 하는 것은 철저히 아니라고 말해야 한다. 체면 때문에, 상황 때문에, 부끄러움 때문에 즉각적으로 'No'를 외치지 못한다. 그로 인해 에너지가 낭비되고 쓸데없는 곳에 힘을 쏟게 된다.

'No'를 외치는 것은 친구관계뿐 아니라 가족관계에서도 마찬가지로 적용된다. 친하면 친할수록, 가까우면 가까울수록 'No'를 명확하게 말해야 한다.

고독

무심히 혼자 있을 수 있어야 한다. 고독을 즐기면 독립이 가능하다. 외롭고 쓸쓸함을 견뎌내면 내면의 평화가 찾아온다. '이 세상에 태어났지만 나는 고아다.'라는 마음으로 살면 모든 일을 내가 감당해내야 한다. 고독해야 감당력이 늘어난다.

감당력이란 어떤 일을 능히 견디어 내고 해내는 힘이다. 감당력이 늘어나려면 모든 일을 내 책임으로 여겨야 한다. 부모의 감당력과 아이의 감당력은 다르다. 부모는 책임질 것들이 많기에 낮에는 일하고 새벽까지 우는 아기를 돌보며 양육에 힘쓴다. 감당해야 하기에 육체적, 정신적 피로와 상관없이 그 일을 해낸다.

인생도 마찬가지다. 내가 감당하고자 하면 감당해낼 수 있다. 감당해내고자 하는 마음이 없기에, 감당하기 힘들다고 생각하기에 그 일을 선택하지 않는다.

어떤 일이든 극복해내야 한다. 어디로 도망칠 수 있을까. 손오공이 오만하게 행동하여 세상 끝까지 도망갔어도 부처님 손바닥 안에 있는 것처럼 우리도 삶이라는 손바닥 안에 존재한다. 도망가 봤자 삶은 우리에게 같은 질문을 던지러 쫓아온다. 삶이 던지는 질문을 받기 싫다면 내가 먼저 그 일을 극복해야 한다.

무심히 고독하자. 나는 철저하게 고아로 태어나 고아로 살아간다는 마음이 있으면 우리는 성공한다. 누군가에게 의지하고자 하는 마음을 버리고 고독하게 살아갈 때 피어난 감당력이 우리를 성장으로 이끈다.

덕불고필유린(德不孤必有隣)이라. 덕이 있는 사람은 외롭지 않고 반드시 이웃이 있다. 덕을 쌓는 삶이면 저절로 함께하는 사람이 생기기 마련이다. 외로울 때는 덕을 쌓자. 내 덕이 부족한지를 먼저 살펴보자.

신독하기

——— 세상으로부터 독립한 사람이 갖추어야 할 최종 단계가 바로 신독(愼獨)이다. 홀로 있을 때도 삼가라. 혼자 집에서 있을 때 가장 풀어지기 쉽다. 눈치 볼 사람도 없고 내게 잔소리할 사람도 없다. 옷도 아무 곳에나 던져두고 먹은 음식들은 치우는데 시간이 조금 걸린다.

누구나 체면을 지켜야 한다는 문화가 존재하는 이상 누군가 보는 내 모습과 혼자 있을 때의 내 모습은 다를 수밖에 없다. 밖에 나가지 않을 때는 삼 일도 씻지 않을 때도 있지만 약속이 있으면 한껏 꾸민다.

신(愼)은 삼가다, 두려워하다, 근심하다의 뜻이 있다. 마음(心)을 참답고 진실하게(眞) 가져야 한다. 참되다라는 뜻의 진(眞)은 곧을 직(直)에 나눌 팔(八)이 합쳐진 글자이다. 정직을 나누면 참됨이 된다. 곧음으로 나누면 진실이 된다. 정직함을 나누어 모든 곳에 적용하고자 하는 마음이 바로 삼가고 두려워하는 마음이다.

홀로 있을 때에도 몸가짐이나 언행을 삼가라. 내가 가진 정직을, 올바름을 모든 곳에 펼쳐 영향을 미치기 위해 삼간다. 내가 어렸을 때 부모님은 나에게 훌륭한 어른이 되라고 많이 말씀하셨다. 훌륭한 사람은 흠이 없는 사람이다. 훌륭한 사람은 자신이 가진 정직을, 곧음을 펼치며 살아가는 사람이다. 그런 사람이 되려고 노력하기 위해 스스로부터 홀로 있을 때 삼간다.

> 坐密室如通衢 馭寸心如六馬 可免過.
>
> 밀실에 앉아 있어도 마치 네거리에 앉은 것처럼 여기고, 작은 마음을 제어하기를 마치 여섯 필의 말을 부리듯 하면 허물을 면할 수 있다.
>
> -『명심보감』「존심편」-

왜 혼자 있을 때 삼가야 하는가. 우리 속담 중에 안에서 새는 바가지가 밖에서도 샌다는 말이 있다. 집에 혼자 있을 때 한 행동들이 밖에서 함께 있을 때 무의식적으로 튀어나온다. 중요한 자리에서 정신을 가다듬고 실수하지 않으려고 의식적일 때는 괜찮겠지만, 편안하고 자연스러운 자리에서 무의식적으로 그 행동이 나왔을 때 이를 주워 담기에는 불가능하다.

사람을 찾아볼 수도 없는 오지에 있어도 서울 한복판에 있는 것처럼 여겨야 잘못을 저지르지 않는다. 홀로 있을 때 삼가야 남에게 비웃음 당하지 않는다. 상대방에게 나를 공격할 거리를 주지 않는다. 내가 삼가지 않으면 내가 한 모든 행동과 말을 갖고 나를 공격할 수 있다. 그래서 함부로 말하거나 행동하지 않는다.

> 子曰, 以約失之者鮮矣.
>
> 공자께서 말씀하셨다. '절제하면서 곤란해지는 경우는 드물다.'
>
> -『논어』「이인 23장」-

말과 행동을 절제하면 곤란에 빠지지 않는다고 말할 수는 없다. 이 세상에 내가 하지 않아도 곤란이 생길 수 있다. 자동차 운전을 하다 보면 나만 조심해서 되지 않음을 경험을 통해 배운다. 나와 함께 가는 차들이 어떤지에 따라 달라질 수 있다. 삶도 마찬가지로 나 혼자 절제한다고 해서 어려운 일이 생기지 않는 것은 아니다. 그럼에도 절제를 하면 고난을 줄일 수 있다.

간격을 줄여라

홀로 있을 때와 함께할 때의 괴리를 줄여야 한다. 인생은 이상과 현실의 간극을 줄이는 만큼 성공한다. 내가 가진 이상이 한없이 높으면 그 이상을 좇아가기 위해 끝없이 노력해야 한다. 많은 자기개발서에서 목표를 세우고 꿈을 크게 가지라고 말하지만 모두가 성공하지는 못한다. 문제는 이상만 높고 현실은 그만큼 노력하지 않는 데서 발생한다. 실천과 이상의 간극을 줄였을 때 우리는 성장한다고 말한다.

마찬가지로 홀로 있을 때와 함께 있을 때의 간극을 줄였을 때 우리는 그 사람을 한결같다고 말한다. 인생을 한결같게 살려면 혼자 있든 함께 있든 간에 상관없이 삼가야 한다.

선입견 줄이기

우리는 세상을 제대로 보지 못한다. 두 눈이 있지만 각자만의 안경을 쓰고 있기에 다르게 본다. 살아가면서 많은 경험을 한다. 그 경험들과 지식이 차곡차곡 쌓여 고정되고, 그렇게 고정된 생각이 고정관념이 된다. 선입(先入)이란 먼저 입력된 것을 말한다. 선입견(先入見)이란 살면서 먼저 입력된 것을 본다는 말이다.

편의점을 보면 선입선출을 적용한다. 먼저 입고한 것부터 판매를 위해 출고한다. 어렸을 때부터 입력된 견해들이 먼저 튀어나온다. 1살 아기 때부터 지금까지 봐온 모든 것들이 내 고정관념으로 적용되어 나도 모르게 드러난다.

새로운 정보가 입력되어도 기존에 먼저 입력되었던 정보들이 출고된다. 먼저 먹은 것은 먼저 배출될 수밖에 없다. 사실 고정관념은 어쩔 수가 없다. 우리의 뇌는 효율성을 중시한다. 자라보고 놀란 가슴 솥뚜껑보고 놀란다고 한다. 그런데 매일 솥뚜껑보고 놀랄 수는 없지 않겠는가. 한 번 놀란 이후에는 알고 있기에 솥뚜껑에 놀라지 않는다. 그 상황에 적응한 것이다.

고정된 관념은 낯선 곳에서 빠르게 적응하도록 도와준다. 새로운 상황은 점점 반복할수록 익숙해진다. 인지적 자원을 아껴 다른 곳에 쓸 수 있게 도와주는 감사한 역할을 한다.

문제는 이런 효율성을 따지는 인지적 과정 때문에 인간관계에 다양한 오해가 발생한다. 관계에 선입견이 적용되면 많은 오해가 생긴다. 선한 사람을 악하다고 오해하고, 악한 사람을 착하다고 오해한다. 진실을 보지 못하고 보고 싶은 것만 본다.

오해를 없애기 위해 편향된 견해를 없애야 한다. 한쪽으로 치우친 생각이 편견이다. 한쪽으로 치우치지 않은, 균형 잡힌 사고를 가져야 한다.

선입견을 없애기 위해 먼저 내 속에 무엇이 입력되어 있는지를 살펴야 한다. 내가 강아지를 보면 무슨 생각이 드는지, 사람을 처음 만나면 어떻게 대하는지 등 내가 어떻게 생각하는지를 멈춰서 돌아봐야 한다. 자기인식이 우선되어야 한다. 그다음에 새로움을 받아들이는 수용력을 가져야 한다. 늘 내가 틀릴 수도 있다는 생각을 하며 스스로를 검증해야 한다. 내가 하는 말이나 생각이 어떤 논리가 있고 근거가 있는지 확실하게 따져봐야 한다.

자기인식과 타인수용을 통해 균형을 맞춰야 한다. 내 생각의 중심에는 내가 보고 있는 것이 실제가 아닐 수도 있다는 생각을 잊지 말아야 한다.

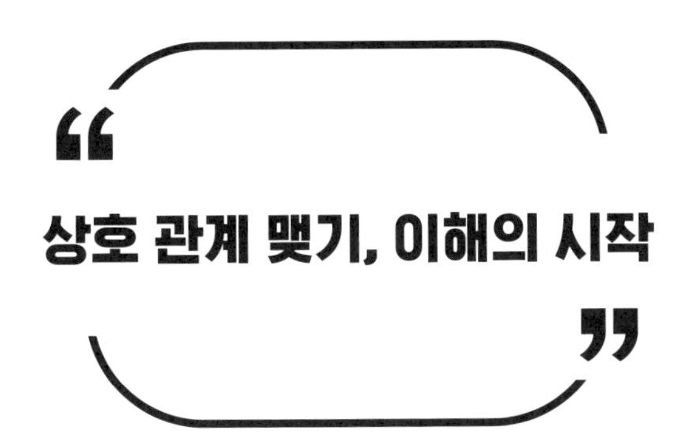

상호 관계 맺기, 이해의 시작

—— 연인 사이나 부부사이, 혹은 다양한 인간관계에서 이해에 대한 내용을 자주 이야기한다. '왜 내 생각을 이해해 주지 않아?'라는 말이 길을 걷다가도 종종 들린다. 싸움의 시작은 상대방을 이해하지 못하는 데서 시작된다. 나는 집에 있고 싶은데 상대방은 나가서 놀자고 한다면 상호 간의 협상이 시작된다. 치열한 싸움의 끝에 끝까지 밀고 나간 사람의 의견이 결정된다. 서로 간에 상처만 남긴 채 말이다.

이해란 무엇일까. 이해에는 여러 가지 뜻이 있지만 그중 첫 번째는 어떤 일의 옳고 그름을 판단하고 해석하는 과정을 말한다. 이해를 하려면 우선 상대방의 말이 맞는지, 아닌지를 구분해야 한다. 이해를 해야 할 사항이 있고 하지 말아야 할 사항이 있다. 사람을 해치는 일을 이해할 수는 없다.

옳고 그름을 분별하면 그다음은 이를 해석해야 한다. 해석이란 질문에 대한 풀이를 말한다. 풀이는 질문이 던진 결과를 요구하는 일이다.

이해를 정의하라

이해를 한번 정의 내려보자. 이해란 정확히 무슨 뜻일까.

이(理)는 다스린다는 뜻이 있다. 한자를 보면 왕(王)과 마을(里)이 합쳐졌다. 왕이 마을을 다스리기 위해서는 기준이 필요하다. 회사는 지각을 하면 안 된다는 기준과 원칙이 존재해야 한다. 국가에 법이 존재하는 이유도 국가를 올바르게 운영하기 위함이다. 5천 년 전 고조선이 건국되었을 때 팔조법이 있던 것처럼 늘 명확한 기준은 필요하다. 이를 통해 옳고 그름을 분별한다.

다만 그 기준은 때에 따라 달라질 수 있다. 농사짓고 난 뒤 10%의 세금을 정해두었지만 흉년일 때는 낮출 수도, 풍년일 때는 높일 수도 있다. 이렇게 유연하게 변화해야만 마을을 제대로 다스린다. 헌법이 정해져 있지만 많은 사례들의 판결은 다르다. 도둑질을 했을 때 빵을 훔친 사람과 다이아몬드를 훔친 사람의 판결은 다르다. 법이 있다고 해서 이를 모든 상황에 적용할 수 없다. 헌법이 있지만 변호사라는 직업이 있는 이유는 법이 다양한 상황마다 상이하게 적용되기 때문이다. 헌법 조항은 한 줄이지만 그에 대한 판례는 무수히 많다. 법이 진리(眞理)라면 다양한 판례는 일리(一理)라고 이해해야 한다. 우리는 정해진 진리보다 상황에 맞는 일리를 생각해야 한다. 상대방은 일리 있는 말을 했을 뿐, 내가 생각한 것을 진리라고 우기면 안 된다. 이해의 시작은 타인의 상황을 일리 있다고 수용하는 태도이다. 한 가지 절대적인 진리가 있는 것이 아니라 다양한 일리가 있음을 이해하는 것. 그것이 다스림의 이해다.

이(理)라는 첫 번째 단계를 거치면 두 번째는 해(解)의 단계이다. 많은 사람들은 인생에 정답이 있기를 희망한다. 인생에서 성공하는 방법, 좋은 사람과 만나는 방법, 투자하는 방법, 양육하는 방법 등 많은 문제들에 대한 정답을 원한다. 하지만 인생의 다양한 문제들에는 정답이 존재하지 않는다. 정답이란 사전적 의미로 '오차 없는 답'이다. 오차가 없다는 말은 주관식이 아닌 객관식이고, 정답이라 말할 수 있는 것은 많지 않다는 뜻이다.

정답은 곧 정해진 답이다. 부하 직원에게 점심식사 메뉴를 물어볼 때 상사가 먼저 볶음밥을 말한다. 이때는 답이 정해져 있기에 정답을 외쳐야 한다. 학창시절 시험은 정해진 답을 찾는 과정이었다. 다섯 가지 선택지 중에서 정답에 해당하는 한 가지만 선택하면 됐다. 학교에서 벗어나 사회에 나와서는 정해진 답을 찾기가 쉽지 않다. 어떤 친구와 사귀어야 하는가. 어떤 직업을 선택해야 하는가. 결혼은 누구와 해야 하는가. 돈은 어떻게 써야 하는가.

이러한 문제들을 고민했을 때 우리가 찾아야 할 답은 정답이 아닌 해답이다. '해(解)'라는 글자는 뿔(角)과 칼(刀)와 소(牛)가 합쳐졌다. 즉, 소에게서 뿔을 잘라낸다는 글자이다. 소에게 가장 단단하고 핵심적인 뿔을 잘라내면 다른 작업은 쉽게 할 수 있다.

해답이란 던져진 질문에 대해 풀이하는 과정이다. 엉킨 실타래를 풀어내듯 던져진 질문을 풀어내어 그 상황에 맞는 답을 찾아내야 한다. 최종적으로 우리가 할 일은 우리에게 던져진 질문이 요구하는 결과를 찾아내는 일이다. 그저 상황에 맞는 해답을 찾아가는 여정이다.

서술식 문제의 답은 정해져 있지 않다. 의미와 맥락이 맞으면 답이 되기에 우리는 핵심을 이해하나, 그 환경에 맞는 답을 제시해야 한다.

어떤 직업을 가져야 하는가에 대한 해답을 내려면 다시 질문해야 한다. 내가 공부를 더 할 수 있는 환경이 되는가? 아니면 바로 취직을 통해 돈을 벌어야 하는가. 상황에 따라 답이 달라진다. 우리는 정답을 찾는 게 아니라 해답을 찾아야 한다. 정답은 정해진 답이지만 해답은 그 문제를 해결하기 위한 답이다.

거짓말을 해야 할 때가 있고 거짓말을 하지 말아야 할 때가 있다. 사슴이 사냥꾼을 피해 도망치다 나무꾼을 만났다. 불쌍한 사슴을 덤불 속에 숨겨주고 쫓아온 사냥꾼에게 다른 방향으로 갔다고 거짓말을 한다. 이는 불쌍한 사슴을 위한 선의의 거짓말이다. 나무꾼은 이 상황에 대한 해답을 스스로 내렸고, 그로 인해 한 생명을 구했다. 그 결과로 하늘나라 선녀와 결혼했지만 말이다.

타인을 이해한다는 건

타인을 이해하려면 판단과 해석이 필요하다. 상대를 올바르게 이해한다는 것은 상대를 있는 그대로 판단하고 그 사람이 처한 환경을 제대로 해석한다는 말이다. 상대방의 잘못을 탓하지 말고 원인을 찾고 판단한다. 타인이 처한 환경은 어떤지를 해석해 보기도 해야 한다.

이해가 가능하면 인정도 가능하다. 이해가 가능하면 공감도 가능하다. 이해가 공감의 시작이다. '그럴 수도 있겠지'라는 이해가 되어야만 '얼마나 힘들었을까.'라는 공감이 된다. 이해를 통해 연결이 강화되고, 강화된 연결성은 단단한 관계를 만든다.

이해가 가능해야 올바른 비판도 가능하다. 비판이란 옳고 그름을 판단한 다음 잘못된 점을 지적하는 일이다. 배경은 무엇인지와 같은 다양한 시각으로 이해해야 제대로 된 비판이 된다.

우리가 하는 모든 의사소통의 기반에는 이해가 있어야 한다. 이해를 놓치지 말자. 내가 이해하지 못한 것은 없는지 다시 살피고, 내가 잘못한 것이 없는지 미루어 살펴야 한다. 내가 그 사람을 이해하기는 쉽지 않다. 하지만 그러한 시도가 있어야 상호관계가 시작된다. 나는 상대방을 절대 이해할 수 없지만 하나씩 찾아보며 노력할 때 잠겼던 문이 열릴 것이다.

여러 사람을 만나며 깨달은 한 가지 사실은 다른 사람을 변화시킬 수는 없다는 점이다. 살면서 만나는 사람들은 가지각색이다. MBTI가 열여섯 가지 종류로 사람을 분류했지만 이 세상은 각자가 하나의 분류로 살아간다. 대한민국의 5천만 인구는 각자만의 생각과 기준, 삶을 살았기에 모두가 다르다. 같은 사람은 단 한 명도 없다. 비슷한 종류의 사람들이 있다고 느끼긴 하지만 나와 같은 생각을 하고 있다고 착각하면 안 된다. 모두가 다른 생각을 하는 다른 종류의 사람이다.

모든 사람들이 다르다는 점을 인정해야 내가 편해진다. 관계의 기본은 '쟤는 왜 저래?'가 아니라 '쟤는 저럴 수 있지.'라는 이해가 수반되어야 한다. 그런 이해가 있어야만 편안한 관계가 성립된다.

변화의 시작

모든 일은 나를 바꿈으로써 시작된다. 관계가 원활하지 않으면 내가 무엇을 바꿀 지부터 생각한다. 상대방에게 화가 나면 내 기대가 잘못되었는지 살핀다. 상대가 가스라이팅을 시도하면 내가 단호하지 못했는지 다시 살핀다. 상대가 이유는 모르겠으나 싫다면 그 원인을 찾으려고 노력해 보자. 나와 닮은 점이 있어서 싫어할 수도 있다. 시작은 나 자신이다.

나는 하나의 블록이다. 내가 어떤 블록의 모양인가에 따라 상대방 블록의 모양이 정해진다. 내가 어떤 상태인가에 따라 상대가 정해질 수밖에 없다. 나와 반대의 모양을 한 블록을 찾기 때문이다. 내가 쓰레기통의 상태면 쓰레기만 올 수밖에 없다. 그러니 내 상태부터 먼저 바꾸자. 내가 먼저 독립적인 상태가 되어 무엇으로든지 변할 수 있는 상태가 되면 어떤 사람이든 잘 지낼 수 있다.

내 상태가 어떤가에 따라 누구와 만날지 결정되고, 누구와 만나는가에 따라 어떻게 해야 할지가 결정된다. 어떤 관계든 개의치 않지만, 쉽게 영향받지 않는 단단함이 있어야 한다. 늘 관계의 문은 열어두지만 문을 열고 닫는 것은 내 역할이다. 상대방에 의해 문을 열고 닫지 말자.

3

누구와 만나야 하는가

——— 흔히 지인이라는 표현을 자주 쓴다. '내가 아는 지인은 변호사야.'와 같이 친구나 아는 사람을 의미할 때 쓰이는 단어이다. 사전에서 지인의 뜻을 찾아보면 첫 번째 뜻은 앞의 문장을 의미하지만 두 번째 뜻은 조금 다르게 쓰인다. 바로 '사람의 됨됨이를 잘 알아봄'이다.

됨됨이란 그 사람의 품성, 인격, 특성 등을 의미한다. 『손자병법』에서 가장 유명한 말이 있다. 지피지기 백전불태(知彼知己 百戰不殆), 적을 알고 나를 알면 백번 싸워도 위태롭지 않다. 상대방이 누군지 먼저 알아야 한다. 그다음에 내 태도가 정해진다. 유치원 아이에게는 유치원 수준으로 대해야 하고, 대학생에게는 대학생 수준으로 말해야 하며, 외국인에게는 외국인의 수준에 맞는 방법으로 대응해야 한다. 어떻게 대응할 것인가에 대한 질문의 답은 사람을 아는 것부터 시작함으로 내릴 수 있다. 지인(知人)이 중요하다. 그 사람이 누구인가. 내가 상대하고자 하는 어떤 사람인가.

> 樊遲問知. 子曰 知人.
> 번지가 지(知)에 대해 공자께 여쭈었더니 공자께서 말씀하셨다. '사람을 아는 것이다.'
>
> – 『논어』「안연 22장」 –

앎이란 무엇인가. 그에 대한 공자의 답이다. 사람을 아는 것, 그것이 지식이고 앎이다. 우리는 사람을 알기 위해 공부한다. 우리가 책을 읽는 이유가 무엇인가? 사람을 알기 위함이다. 우리가 경험을 쌓는 이유가 무엇인가? 사람을 알기 위함이다. 우리가 여행을 하며 배우는 이유는 무엇인가? 사람을 알기 위함이다. 사람을 모르면 인생을 살아갈 수 없다. 인간은 사람 사이에 있는 사람이기 때문이다. 어디서든 사람과 만나야 하기에 사람을 알지 못하면 함께할 수 없다. 함께하지 못하면 더불어 살아갈 수도 없다.

존 리비는 『당신을 초대합니다』에서 이렇게 말했다. '성공을 위한 가장 보편적인 전략은 당신의 인생에 영향을 미칠 수 있는 사람들과 유의미한 인맥을 형성하는 것이다.' 성공하기 위해서는 나 혼자 잘하는 것보다 누구와 함께 만나는가에 달려 있다 해도 과언이 아니다.

더불어 '잘' 살아가야 한다. 더불어 살아가는 것은 누구나 할 수 있다. 더불어 잘 살아가는 건 쉬운 일이 아니다. '잘'이라는 단어의 뜻에는 만족, 충분, 순조로움, 정확함, 훌륭함, 옳음의 뜻이 모두 포함되어 있다.

잘산다는 건 어려운 일이다. 만족스럽게 살아야 하고, 순조롭게 살아야 하며, 올바르게 살아야 잘 살았다고 말한다. 좋은 사람과 함께 살아야 만족스럽고, 악인과 함께하지 않아야 순조로우며, 집단의 힘에 휩쓸리지 않아야 올바른 길을 갈 수 있다. 때문에 사람을 잘 알아봐야 한다.

> 左右皆曰賢 未可也 諸大夫皆曰賢 未可也 國人皆曰賢然後 察之 見賢焉然後用之. 左右皆曰不可 勿聽 諸大夫皆曰不可 勿聽 國人皆曰不可然後 察之 見不可焉然後去之. 左右皆曰可殺 勿聽 諸大夫皆曰可殺 勿聽 國人皆曰可殺然後 察之 見可殺焉然後殺之. 故曰國人殺之也. 如此然後 可以爲民父母.
>
> 좌우의 신하들이 모두 어질다고 말해도 허락하지 말고 모든 대부들이 어질다고 말해도 허락하지 말며 나라의 모든 사람들이 어질다고 말한 연후에 그를 살펴서 어짊을 본 후에 그를 등용해야 합니다. 좌우의 신하들이 모두 안 된다고 해도 듣지 말고 모든 대부들이 안 된다고 해도 듣지 말며 나라의 모든 사람들이 안 된다고 한 연후에 그를 살펴 안 되는 것을 본 후에 그를 제거해야 합니다. 좌우의 신하들이 모두 죽여야 한다고 말해도 듣지 말고 모든 대부들이 죽여야 한다고 말해도 듣지 말며 나라의 모든 사람들이 죽여야 한다고 말한 연후에 그를 살펴 죽여야 함을 보게 되면 그를 죽여야 합니다. 그러므로 나라의 사람들이 죽여야 한다고 말하는 것입니다. 이와 같이 한 후에야 백성의 부모라 할 수 있을 것입니다.
>
> -『맹자』「양혜왕 하 7장」-

타인의 말만 듣고 움직여서는 안 된다. 인생의 모든 판단은 내 스스로 해야 한다. 사람도 마찬가지다. 사람을 알아보는 것은 온전히 내게 달려 있고, 그로 인해 영향받는 것 또한 나 자신이다. 누군가 뭐라고 해도 우선 내 판단이 어떤지, 왜 그런 판단을 내렸는지부터 따져봐야 한다.

우리의 삶을 결정하는 건 누구와 가까이하는가와 그들과 어떤 관계를 맺는가이다. 그 핵심 주제인 '누구'와 함께하는지 알아보자.

사람을 안다는 건

어떻게 살아야 하는지는 누구와 사는지에 따라 결정된다. 어떤 사람과 결혼하는가에 따라 결혼생활을 어떻게 해나갈지 결정된다. 어떤 분을 만나는가에 따라 삶의 방향이 달라질 수 있다.

상대방을 알려면 그 주변사람을 보면 간단하게 파악된다. 친구를 보면 그 사람이 누군지 안다. 내 아내가 누군지 알려면 내 어머니와 비슷한 사람이라고 이해하고, 내 남편이 누군지 알려면 내 아버지와 비슷한 사람으로 이해하면 된다. 우리가 만나는 사람은 내가 가장 익숙하고 편안해 하는 사람을 만나기 마련이다. 가정에서 어떤 부모님을 만났는가에 따라 부모님과 똑같은 사람과 함께 결혼하게 된다.

欲知其君 先視其臣. 欲識其人 先視其友. 欲知其父 先視其子.
그 임금을 알고자 한다면 먼저 그 신하를 살펴보고, 그 사람을 알고자 한다면 먼저 그 벗을 살펴보고, 그 아비를 알고자 한다면 먼저 그 자식을 살펴보라.

-『명심보감』「성심편 하」-

그 임금이, 상사가 누군지 알려면 그가 데리고 다니는 신하, 아랫사람이 누구인지를 살펴보면 쉽다. 부모를 알려면 자식을 보면 된다. 부모라는 붕어빵 틀에서 그대로 나온 것이 자식이기 때문이다. 붕어빵 같다는 말이 그냥 나온 말이 아니다. 같은 재료를 넣었는데 어떻게 다른 재료가 나올까.

한 사람만 보면 헷갈리지만 여러 사람을 보면 그나마 이해가 가능하다. 한 가지 경우로 실험하는 것보다 여러 가지 경우로 실험할 때 정합성이 더 높은 것처럼 말이다.

판단의 기준

사람을 알려면 그 사람이 어떤 행동을 하는지 살펴봐야 한다. 말만 들어서는 어떤 것도 판단할 수 없다.

視其所以, 觀其所由, 察其所安. 人焉廋哉? 人焉廋哉?
그 사람이 하는 행동을 보고, 그 사람의 동기를 살펴보고, 그가 편안하게 여기는 것을 잘 관찰해라. 사람이 어떻게 자신을 숨기겠는가? 사람이 어떻게 자신을 숨기겠는가?

-『논어』「위정 10장」-

그 사람이 하는 바를 보고, 그 사람의 동기를 보고, 그 사람이 무엇을 편안하게 여기는지를 알면 그 사람을 절대적으로 알 수 있다. 그 사람이 하는 일을 있는 그대로 봐야 한다. 내가 좋게 보거나 나쁘게 보지 말고 있는 사실 그대로 인식해야 한다. 두 번째는 무엇으로 말미암아 행동하는지 전체성을 갖고 봐야 한다. 황새가 하늘 위에서 보듯 전체적인 시야를 갖고 그 사람의 동기를 살펴야 한다. 세 번째는 무엇을 편안하게 여기는지 자세히 살펴야 한다. 사람은 자기가 익숙한 것을 편안해 한다. 익숙함은 자주 반복했기에 편안하다. 더러운 것이 익숙한 사람이 있고, 나태함이 익숙한 사람이 있다. 그 바가지가 안에서 새는지 안 새는지를 알 수 있다.

시관찰(視觀察) 모두 본다는 뜻이다. 첫 번째 시(視)는 보이는 대로 본다. 우리는 보이는 대로 본다고 생각하지만 이는 착각이다. 부처님은 여실견(如實見)이라는 말씀을 하셨다. 제발 생각대로 보지 말고 있는 실질 그대로를 보라는 조언이다. 우리의 편견이나 관점에 의해 세상이 다르게 보인다. 이 착각을 깨고 있는 그대로를 보기 위해 애써야 한다. 시(示)는 '보다'라는 뜻이고, 견(見)도 '보다'라는 뜻이다. 하지만 견(見)에는 '알다'라는 뜻도 있다. 시(視)는 내가 본 것을 알아가는 과정이다. 그 사람이 하는 행동을 알아차림이 첫 번째이다.

관(觀)은 황새의 시각으로 보며 알아가는 관점이다. 전체성을 가진 시각이 있어야만 그 사람의 동기가 보인다. 왜 저렇게 행동하는가에 대한 앎은 전체성이 없이는 불가능하다. '왜 그렇게 하지?'라는 생각은 역지사지의 자세를 통해서만 해결 가능하다. 타인 이해가 가능한 사람만이 전체성을 갖고 상대의 동기를 이해할 수 있다.

찰(察)을 자세히 살피는 일이다. 집 안(宀)에서 제사(祭)를 지내는 모습이다. 집 안에서 제사를 지낼 때는 경건한 마음으로 돌아가신 분을 생각한다. 외적인 것보다는 내적인 부분을 살피는 시간이다. 상대가 편안히 여기는 마음을 살피는 마지막 단계가 있어야 그 사람을 알 수 있다.

> 夫視鍛錫而察青黃 區冶不能以必劍 水擊鵠雁 陸斷駒馬 則臧獲不疑鈍利. 發齒吻形容 伯樂不能以必馬 授車就駕 而觀其末塗 則臧獲不疑駑良.
>
> 구리에 주석을 합금하여 만든 칼은 그 빛깔만을 보고는 감정할 수 없고, 물 위의 오리를 쳐보거나 땅 위의 말을 보면 비록 무지한 자라 할지라도 그 칼의 예리함을 판단할 수 있을 것이다. 말의 입을 벌려 이빨을 보며 그 몸뚱이를 조사하는 것만으로는, 백락이라 할지라도 정확히 말을 감정할 수는 없지만, 수레를 끌게 하여, 달리는 것을 눈여겨보면, 무지한 자라도 그 말을 감정할 수가 있을 것이다.
>
> -『한비자』「현학 5장」-

한비자는 실제로 그 사람이 어떤지는 어떻게 하는지를 보고 난 다음 결정해야 한다고 말했다. 말이 앞서는 사람들이 많다. 행동은 전혀 하지 않고 말로만 넘기려는 사람들도 많다. 말만 교묘하게 하며 실질은 없는 사람들도 많다. 그런 사람들을 잘 구분해야 한다.

> 巧言令色, 鮮矣仁.
>
> 듣기 좋은 말이나 보기 좋게 꾸민 얼굴을 한 사람들 중에 어진 이가 드물다.
>
> -『논어』「학이 3장」-

왜 말만 잘하는 사람을 싫어했을까. 공자가 제자의 행동을 보고 깨달은 점이 있었기 때문이다. 공자도 처음에는 사람이 하는 밀을 믿었지만 경험을 통해 사람의 행동을 보고 그 사람을 평가했다.

> 始吾於人也 聽其言而信其行 今吾於人也 聽其言而觀其行. 於予與改是.
>
> 처음에 나는 사람에 대하여 그의 말을 듣고는 그의 행실을 믿었는데, 이제는 그의 말을 듣고도 그의 행실을 살펴보게 되었다. 재여로 인해서 이를 바꿨다.
>
> -『논어』「공야장 10장」-

재여는 공문십철이라고 불리는 공자의 뛰어난 열 명의 제자 중 한 명으로 말을 잘하는 사람이었다. 문제는 말만 잘하고 행동이 따라가지 못했기에 공자에게 혼이 많이 났다. 처음에는 재여의 말만 믿고 잘하고 있다고 생각했다. 나중에 보니 말만 하고 행동은 그에 미치지 못했거나 아예 하지 않았음을 깨달았고, 그로 인해 말이 아닌 행동으로 사람을 살핀다고 말했다.

상대가 어떻게 행동하는지를 유심히 봐야 한다. 나한테 어떤 부드러운 말로 속이든 간에 그 사람의 본질을 볼 수 있는 눈을 길러야 한다.

何謂知言. 曰詖辭 知其所蔽 淫辭 知其所陷 邪辭 知其所離 遁辭 知其所窮.

공손추가 물었다. "남의 말을 잘 알아듣는다는 것은 무엇을 말하는 것입니까?" 맹자가 답했다. "한편으로 치우친 말을 들으면 그가 무언가를 은폐하려 한다는 것을 알 수 있고, 지나친 말을 들으면 그가 무엇에 빠져 있는지 알 수 있고, 삿된 말을 들으면 그가 무언가 도리에 벗어나 있다는 것을 알 수 있고, 교묘하게 회피하는 말을 들으면 그가 무엇 때문인지 궁지에 빠져 있다는 것을 알 수 있다."

-『맹자』「공손추 상 2장」-

말은 균형 잡혀야 하고, 과장하지 않아야 하며, 정도에 맞아야 하고, 숨기지 않아야 한다.

巧言令色足恭, 左丘明恥之, 丘亦恥之.

듣기 좋게 말을 꾸며대고 보기 좋게 얼굴빛을 꾸미며 지나치게 공손한 것을 좌구명이 부끄럽게 여겼다고 하는데, 나도 또한 이를 부끄럽게 여긴다.

-『논어』「공야장 23장」-

교언영색이란 말을 교묘하게 하고 얼굴빛을 꾸민다는 말이다. 진심이 아니라 그저 상황을 모면하고자 하는 일회성 태도이다. 반대로 지나친 공손함도 잘못되었다고 했다. 과공비례(過恭非禮)라는 말처럼 과한 공손함도 예가 아니다. 같은 사람에게 인사를 30번을 한 사람을 예의 바르다고 할 수 있을까? 예의는 선을 지켰는가의 문제이다. 과함은 모자람만 못하다는 말을 잊지 말아야 한다.

읽고 듣고 보고 경험하기

사람을 알기 위한 단계가 있다. 첫째, 사람을 읽어야 한다. 보는 것보다 먼저 읽어야 한다. 머리 스타일은 왜 저렇지? 표정은 왜 그렇지? 지금 저 행동은 왜 하지? 이런 외적인 모습부터 모든 부분을 읽어낼 줄 알아야 한다.

어릴 때부터 책 읽기를 강조하는 이유는 사람을 잘 읽어내기 위함이다. 책을 많이 읽으면 그 많은 글 중에서 핵심을 발췌하는 능력이 생긴다. 이는 사람을 읽는 데에서도 적용된다. 읽는다는 것은 속에 담긴 뜻을 이해하고, 성격을 이해하고, 특징을 이해하고, 마음을 알아차리는 과정이다. 사람을 읽지 못하면 외적인 면에 속아 넘어간다. 멋있고 잘생기고 아름다운 모습을 보기 전에 '왜 그렇지?'라는 읽기의 단계로 시작해야 한다.

두 번째는 듣기다. 경청이 중요한 이유는 그 사람의 말을 듣고 이해하기 위함이다. 읽었으면 들어야 한다. 그 사람이 무슨 말을 하고, 그 말이 논리에 맞는가? 어긋난 부분은 없는가? 치우친 부분은 없는가? 내가 아는 만큼 들린다. 내가 듣고 싶은 대로 듣지 말고 그 사람의 입장이 되어 듣는 과정도 거쳐야 한다. 이런 듣기의 과정을 거친 다음에 비로소 봐야 한다.

세 번째는 보기다. 백문불여일견(百聞不如一見)이라는 말이 있다. 백 번 듣는 것보다 한 번 보는 것이 더 효과적이다. 단, 내가 좋아하는 면만 보려고 하지 말고 개고간적인 관점으로 봐야 한다. 여러 각도로 보는 과정이 없다면 착각만 하게 된다.

마지막이 경험이다. 그 사람과의 만남을 통해 내가 읽고 듣고 본 것들에 대한 답을 매겨간다. 직접적으로 체득하며 얻은 것들을 확인하는 과정을 통해 그 사람을 명확하게 알게 된다. 처음 본 사람을 제대로 알기에는 쉽지 않다. 오히려 처음 본 사람에게는 내 선입견이 작용할 확률이 높다. 이러한 네 가지의 과정을 통해 사람을 알아가는 단계를 차근차근 거쳐야 한다.

눈동자 살피기

그 사람의 행동과 말을 본 다음 또 무엇을 살펴야 할까. 바로 눈동자이다. 선한 사람의 눈동자는 맑지만 악한 사람의 눈동자는 어딘가 모르게 음산한 느낌이 든다. 눈이 맑은 사람은 초롱초롱하다. 호기심과 단호함이 눈빛에 서려 있다. 무언가에 중독된 사람들은 늘 불안해하며 눈동자가 가만히 있지 않는다. 눈이 흐린 사람은 죽은 동태눈을 하고 있다.

> 存乎人者 莫良於眸子. 眸子不能掩其惡. 胸中正 則眸子瞭焉, 胸中不正 則眸子眊焉. 聽其言也 觀其眸子 人焉廋哉.
> 사람에게 존재하는 것에 눈동자보다 선량한 것이 없다. 눈동자는 그 악을 가리지 못한다. 마음이 바르면 눈동자가 맑고, 마음이 바르지 않으면 눈동자가 흐리다. 그 사람의 말을 듣고 그 사람의 눈

동자를 관찰한다면 사람들이 어떻게 자신을 숨기겠는가?

-『맹자』「이루 상 15장」-

사실 눈동자를 보고 사람을 파악하기는 쉽지 않다. 명확한 기준이 없기 때문이다. 하지만 많은 사람들을 보다 보면 단호한 눈인지, 중독되어 흐린 눈인지 구분할 수 있게 될 것이다.

내가 만나는 사람

올바른 선은 끝까지 이어야 하지만, 올바르지 않은 선은 과감하게 끊어낼 용기가 필요하다. 인생의 모든 인연을 엮지 않아도 된다. 나무가 잘 자라기 위해서 가지치기가 필요하듯 인연이란 선에도 가지치기가 필요하다.

내가 누구를 만나는가에 따라 나 자신이 결정된다. 의상대사가 저술한 법성게에서도 어떤 인연을 만나는가에 따라 우리의 본성조차 결정된다고 말한다.

不守自性隨緣成

스스로의 성질은 정해져 있지 않고 인연에 따라 형성된다.

-「법성게」-

오늘의 나는 오늘 내가 만나는 인연에 의해 달라질 수 있다. 내가 깨끗한 사람을 만나면 좀 더 깨끗해지고, 더러운 사람을 만나면 좀 더 더러워진다. 공자는 이를 경계하며 이렇게 말했다.

> 非禮勿視 非禮勿聽 非禮勿言 非禮勿動
> 예가 아니면 보지 말고, 예가 아니면 듣지 말고, 예가 아니면 말하지 말고, 예가 아니면 움직이지 마라.
>
> -『논어』「안연 1장」-

예에 맞지 않은 일이나 사람에 대해 경계하며 그쪽은 쳐다도 보지 말고, 말도 꺼내지 말며, 행동하지도 말라고 했다. 예란 무엇인가. 우리는 인사를 잘하는 사람을 보면 예절 바르다고 말한다. 인사란 소개를 의미하기도 하지만 만나거나 헤어질 때 예를 표하는 행동이다. 인사는 예가 겉으로 드러난 표현일 뿐이다.

예(禮)란 공경하는 마음이다. 맹자는 예가 사양하는 마음이라고 말했다. 사양하는 마음을 가진 사람은 겸손하여 남에게 양보한다. 나를 낮추고 상대를 존중하며 좋은 것이 있으면 상대를 먼저 생각하여 받지 않는다. 그런 사람이 예를 행하는 사람이다.

겸손한 사람과 함께하고, 오만한 사람과는 함께하지 말아야 한다. 근묵자흑이다. 먹을 가까이하면 검어진다. 아무리 조심하더라도 먹물이 튄다. 공자가 말한 것처럼 예에 맞지 않으면 보지도, 듣지도 말아야 한다.

> 旬子曰 士有妬友則賢交不親..君有妬臣則賢人不至
> 순자가 말하였다. "선비에게 질투하는 벗이 있으면 어진 이가 가까이 하지 않고, 임금에게 질투하는 신하가 있으면 어진 사람이 오

지 않는다."

-『명심보감』「성심편」-

아무리 올곧은 선비라 해도 그 벗을 잘못 사귀면 좋은 친구가 오지 않는다. 아무리 성군이라 하더라도 신하가 아첨만 하고 있다면 어진 신하는 오지 않는다.

그대로 멈춰라

'그대로 멈춰라'라는 동요가 있다. '즐겁게 춤을 추다가 그대로 멈춰라. 눈도 감지 말고 웃지도 말고 울지도 말고 움직이지 마.' 예의라는 선을 넘는 사람을 만났을 때는 즐거움도 그대로 멈추고 조심해야 한다. 언제 내 선을 침범하여 넘어올지 모르기 때문이다.

어떤 사람과 함께해야 하는가는 동서양을 막론하고 굉장히 강조된 이야기다.

人之過也, 各於其黨. 觀過, 斯知仁矣.
사람의 허물은 각기 그가 어울리는 무리를 따른다. 그 허물을 보면 곧 그가 어느 정도 인한지를 알게 된다.

-『논어』「이인 7장」-

어떤 무리에 속했는가에 따라 내가 하는 행동이나 일들이 결정된다.

집단에 속하면 어쩔 수 없이 그 집단의 힘에 이끌려간다. 제2차 세계대전이 끝난 후 독일군이 한 변명은 그저 상부의 명령을 들었을 뿐이라는 말이었다. 내가 도둑소굴에 있으면 도둑의 삶을 살게 되고, 학자의 거처에 있으면 학자의 삶을 살아가는 것이다. 내가 가진 환경이란 곧 어떤 사람들과 함께 있는가의 문제로 이해하면 된다.

> 道不同, 不相爲謀.
> 가는 길이 같지 않으면 서로 일을 도모하지 말아야 한다.
>
> -『논어』「위령공 39장」-

그러하기에 서로 가치관이 다르거나 기준이 다르면 함께 할 수 없다. 거북이는 하늘에 살 수 없고, 까치는 물속에서 살 수 없으며, 물고기는 나무 위에서 살 수 없다. 모두가 자신에게 맞는 환경이 있고, 그 환경이 다른 사람끼리는 함께 할 수 없다. 함께 하는 순간 재앙이다. 자신의 가치관을 상대방에게 강요하는 것도 문제다. 까치가 나무 위가 좋다고 물고기를 나무 위에 데려다 놓고 나무 위에 사는 삶의 장점을 이야기해봤자 아무런 소용이 없다.

> 子曰 與善人居 如入芝蘭之室. 久而不聞其香 卽與之化矣. 與不善人居 如入鮑魚之肆 久而不聞其臭 卽與之化矣. 丹之所藏者赤. 漆之所藏者黑.
> 是以 君子必愼其所與處者矣.
> 공자께서 말씀하셨다. '선한 사람과 같이 거처하면 난초가 있는 방안에 들어간 것과 같아서 오래되면 그 냄새를 맡지 못하나 곧 그

향기와 더불어 동화된다. 선하지 못한 사람과 같이 있으면 생선 가게에 들어간 것과 같아서 오래되면 그 악취를 맡지 못하나 또한 그 냄새와 더불어 동화된다. 붉은 단사를 지니면 붉어지고 검은 옻을 지니면 검어진다. 그러므로 군자는 반드시 그 더불어 사는 자를 삼가야 한다.'

-『명심보감』「교우편」-

왜 인간관계가 중요한지 알아야 한다. 온전한 독립도 이루어졌는데 도둑소굴에 들어가면 말짱 도루묵이다. 지금까지 해온 모든 일이 아무런 쓸모가 없다. 독립까지는 혼자만의 영역이었지만 만남은 세상의 영역으로 들어간 상태다. 그래서 누구와 만날지를 심도 있게 고민해야 한다.

미국의 성공한 사업가 덴 페냐는 이렇게 말했다. '당신의 친구를 보여주면 당신의 미래를 보여줄게요.' 내 친구가 곧 나의 미래다. 내가 만나는 사람이 곧 나 자신이다. '당신이 먹는 것이 당신이다.'라는 말은 '당신이 만나는 사람이 당신이다.'로 바꾸어 말할 수 있다. 절대로 조심해야 할 것은 악인을 만나지 않는 일이다. 그 함정에 빠지는 순간 우리는 절대로 헤어 나올 수 없다.

늘 변하는 사람의 마음

누구와 만나는 가에 따라 내가 결정되고, 내 인생이 결정되며, 내 운명이 결정된다. 사람을 만나는 것은 굉장히 신중해야 한다. 누구를 내 안에 들여놓을 것인가. 우리 집에 손님을 초대할 때는 많은 고민을 한다. 아무나 집에 초대하지 않는다. 아무리 친한 사이여도 집이라는 개인적인 공간에 초대하기까지는 오랜 시간이 걸린다.

마음에 초대하는 것도 이와 같아야 한다. 아무나 내면에 들이면 안 된다. 내가 들인 사람이 내게 어떤 영향을 줄지 모른다. 사람 속은 알기 어렵다. 누구도 다른 사람의 속마음을 알지 못한다. 상대는 진심이라고 말하지만 그건 그 사람만 알 일이지 아무도 상대방의 진심을 알지 못한다.

> 人情反復 世路崎嶇
>
> 사람의 감정이나 마음은 되풀이될 수 있으며, 세상의 길은 기구하다.
>
> -『채근담』-

살아가며 어떤 이상한 일이 생길지 모르는 것처럼, 사람의 마음은 앞에 닥친 일로 인해 수없이 변한다. 상대의 진심이 상대만을 위한 진심일 수도 있다. 천길 물속은 알아도 한 길 사람 속은 모른다. 사람 마음은 끊임없이 변한다.

> 路遙知馬力 日久見人心.
>
> 길이 멀어야 말의 힘을 알고, 날이 오래되어야 사람의 마음을 본다.
>
> -『명심보감』「교우편」-

사람을 믿지 말라는 뜻이 아니다. 사람 간의 신뢰는 중요하다. 다만 환경에 크게 영향받는 게 사람이라는 점을 잊지 말아야 한다. 영원한

적도 없고 영원한 친구도 없다. 늘 상대의 마음은 변할 수 있음을 유의해야 한다.

> 不逆詐 不億不信. 抑亦先覺者 是賢乎.
> 남이 속일 것이라고 미리 짐작하지 말고, 남이 믿지 않을 것이라고 미리 억측하지 말아야 한다. 그러나 그런 것을 먼저 깨닫는 사람이라면 현명한 사람이 아닌가.
>
> -『논어』「헌문 33장」-

사람을 만날 때 '이 사람이 나를 어떻게 속일까'를 고민하거나 '나는 절대 사람을 믿지 않겠어'와 같은 걱정은 하지 않는 것이 좋다. 다만 세상에는 많은 사람들이 있고, 타인의 속을 알 수 없기에 다양한 일이 벌어질 수 있고 이에 대처할 수 있는 지혜는 갖춰야 한다. 모르고 당하지 말고 먼저 알고 대비하는 자세가 필요하다.

> 海枯終見底, 人死不知心.
> 바다는 마르면 마침내 바닥을 볼 수 있으나, 사람은 죽어도 그 마음을 알지 못한다.
>
> -『명심보감』「성심편 상」-

바다의 깊이보다 사람의 마음 깊이가 더 깊다. 바다에 빠지면 구할 수는 있으나 사람에 빠지면 쉽사리 헤어 나올 수 없다.

> 逢人 且說三分話 未可全抛一片心. 不怕虎生三個口 只恐人情兩樣心.

> 사람을 만나거든 우선 말을 3할만 하되 자기가 지니고 있는 한 조각 마음을 다 털어 버리지 말지니, 호랑이가 세 번 입을 벌리는 것이 두렵지 않고, 단지 사람의 두 마음이 두렵다.
>
> -『명심보감』「언어편」-

내가 가진 비밀을 친구라고 털어놓았을 때 그 비밀이 나를 향한 비수가 되어 날아올 수 있다. 이 세상엔 비밀이 없다. 혼잣말도 조심해야 하는데 비밀의 공유는 말할 것도 없다. 입이 간지러울 수는 있으나 뜻하지 않게 날아오는 칼을 맞는 것보다는 낫지 않을까.

다섯 사람의 평균치

관계는 나무통을 생각해 보면 간단하다. 우리가 만나는 인연은 '나'라는 나무통을 이루고 있는 나무판자와 같다. 그 인연이 어떤 인연인지에 따라 판자의 높낮이가 결정된다. 중요한 점은 물을 받을 수 있는 높이는 제일 낮은 나무판자가 감싸고 있는 부분까지이다.

질 낮은 사람과 만나면 나무통의 높이도 낮아지고, 내가 담을 수 있는 물의 양이 줄어든다. 아무리 좋은 사람을 만나도 나쁜 사람과 함께하면 그 수준에 맞춰질 수밖에 없다.

> 家語云 與好人同行 如霧露中行 雖不濕依 時時有潤. 與無識人同行 如厠中坐 雖不污衣 時時聞臭.
>
> 『공자가어』에서 말하기를 '좋은 사람과 동행하면 마치 안개 속을

가는 것과 같아서 비록 옷은 젖지 않더라도 때때로 윤택함이 있고, 무식한 사람과 동행하면 마치 뒷간에 앉은 것 같아서 비록 옷은 더럽히지 않더라도 때때로 그 냄새를 맡게 된다.'

-『명심보감』「교우편」-

좋은 사람의 곁에 있으면 무엇이든 이익이 생긴다. 지혜가 많은 사람 곁에 있으면 지혜를 배우고, 깨끗한 사람 옆에 있으면 청결을 배우고, 견문이 넓은 사람 옆에 있으면 지식을 배운다. 반대로 도둑질하는 사람 옆에 있으면 도둑질을 배우고, 욕하는 사람 옆에 있으면 욕을 배운다. 상대방은 내가 어떻게 할 수 있는 영역이 아니다. 통제할 수 없는 상대방이기에 어떤 방식으로든 영향받게 되어 있다. 이 영향을 좀 더 좋은 방향으로 가지기 위해 사람공부가 필요하다.

미국의 인생코치라고 불리는 짐 론은 '우리는 가장 많은 시간을 함께 보내는 다섯 사람의 평균이다.'라고 말했다. 내가 만나는 다섯 사람의 평균 연봉을 계산하면 내 연봉이 나온다. 더 많은 사람들이 있겠지만 다섯 사람 정도만 평균을 내도 계산이 가능하다는 뜻이다.

생선 싼 종이와 꽃을 싼 종이의 냄새는 극단적으로 다르다. 어떤 종이에 담길 것인지는 우리의 선택이다. 다만 인연이란 순식간에 서로에게 영향을 주고받기에 늘 조심해야 한다.

하모니를 만드는 삶

'누구와 만나야 하는가?' 이 질문은 평생에 걸쳐 생각해야 할 문제이다. 누구와 만났는가에 따라 운명이 결정된다. 이를 알기에 맹자의 어머니는 세 번 이사하여 올바른 환경을 찾아내 맹자에게 좋은 인연을 맺어주었다.

> 里仁爲美. 擇不處仁, 焉得知.
> 마을의 풍속이 인하다는 것은 아름다운 것이다. 인한 마을을 잘 골라서 거처하지 않는다면 어찌 지혜롭다 하겠는가?
>
> -『논어』「이인 1장」-

지혜로운 사람은 자신의 환경을 잘 선택한다. 공자의 가르침을 받은 맹자의 어머니였을까. 그런 어머니께 가르침을 받은 맹자는 다음과 같이 말했다.

> 天時不如地利 地利不如人和
> 하늘의 때는 땅의 이치만 같지 못하고, 땅의 이치는 사람의 조화만 못하다.
>
> -『맹자』「공손추 하 1장」-

쉽게 말해 하늘의 때는 시간이다. 땅의 이치는 환경이다. 언제 만나는가보다 중요한 것은 어디서 만나는가이다. 아침에 만날까, 저녁에 만날까가 중요한 게 아니라 전쟁터에서 만날까, 공원에서 만날까를 선택하는 것이 더 중요하다. 하지만 환경보다 더 중요한 것이 있다. 바로 인화(人和)이다. 기업에서든 군대에서든 자주 사용하는 말로 '인화단결(人和團結)'이 있다. 사람이 조화로워 한마음 한뜻으로 함께 협력하는 모습을 말한다.

서로가 조화로워 한마음을 가지면 그곳이 전쟁터이든 상관이 없고, 그것이 새벽이든, 추운 겨울이든 상관없이 어떤 일이든 이겨낼 수 있다. 손자병법에서는 이를 상하동욕자승(上下同欲者勝)이라고 말했다. 윗사람과 아랫사람이 같은 마음으로 하고자 하면 승리한다. 핵심은 조화이다. 그 사람과 조화되는가, 아닌가에 따라 우리의 삶이, 우리의 승리가 결정된다. 관계에서 승리란 손해 보지 않고 실패하지 않고 상처받지 않는 것이다. 승리의 결과물은 조화이다.

같은 공동체에 머문다는 것은 인생의 여행을 함께하는 일이다. 공동체 내부 사람들의 뜻이 일치해야 하고, 같은 가치를 가져야 한다. 그래야만 같은 목표를 바라보고 함께 나아갈 수 있다. 함께 나아갈 수 없다면, 공동체에 썩은 사과가 있다면 버려야 한다. 수레가 4개의 바퀴로 가야 하는데 고장 난 바퀴가 있다면 차라리 빼버리고 나머지 3개의 바퀴로 가는 것이 더 빠르다. 조화를 만든다고 좋은 게 좋은 것이지 하며 나아가서는 안 된다. 얼마나 빨리 고장 난 바퀴를 포착하고 조치하는가에 따라 갈 수 있는 거리나 실을 수 있는 짐의 무게가 달라진다.

하모니를 만드는 것 또한 누구와 함께하느냐에 따라 달라진다. 절대적으로 삶에서 고민해야 하는 문제이다. 늘 질문해야 한다. 나는 올바른 사람들과 함께하고 있는가? 명확한 대답이 나오면 괜찮지만 애매하다면 다시 생각해야 한다. 생각이 분명해야 관계 또한 분명해진다.

누구와 만나지 말아야 하는가

——— 누구와 만나야 하는가에 대한 명확한 기준이 있다. 좋은 사람을 찾기보다 나쁜 사람 만나지 마라. 내 인생에 해를 끼치는 사람을 절대 들이지 마라. 독립을 했다면 다음 과제는 이것이다.

절대 악인을 내 방 안에 들이지 말 것.

누군가를 만난다는 건 중요한 문제이다. 관계로 인해 삶이 정해지기 때문이다. 선인들도 누구를 만날 것인지를 많이 고민하고 그에 대한 답을 스스로 내렸다. 공자가 말한 좋은 벗과 나쁜 벗에 대해 알아보자.

益者三友 損者三友. 友直 友諒 友多聞 益矣. 友便辟 友善柔 友便佞

損矣.

유익한 벗이 셋이고 해로운 벗이 셋이다. 정직한 사람을 벗하고, 신의가 있는 사람을 벗하고, 견문이 넓은 사람을 벗하면 유익하다. 편벽한 사람을 벗하고, 지나치게 부드러운 사람을 벗하고, 말 잘하는 사람을 벗하면 해롭다.

- 『논어』「계씨 4장」 -

내게 도움이 되는 사람은 정직하고, 믿음이 가며, 많이 아는 사람이다. 정직한 사람은 내게 거짓말을 하지 않고 늘 진실을 이야기해준다. 옳고 그름을 정확히 알려주기에 옳지 않은 길을 걸어갈 때 나를 바로 잡아 줄 수 있는 사람이다. 믿음직스러운 사람은 그 삶이 성실하고 나를 잘 살펴주는 사람이다. 삶에 성실한 사람이 어찌 내게 유익하지 않을 수 있을까. 들은 게 많은 사람은 내게 많은 가르침을 줄 수 있다. 나보다 견문이 넓은 사람은 좀 더 나은 선택지를 제시해줄 수 있다. 이들과 함께하면 이익이 더해진다.

내게 도움이 되지 않는 사람은 한쪽으로 치우쳤고, 내게 달콤하고 편안한 말만 하며, 말만 앞서는 사람이다. 한쪽으로 치우친 사람은 고집이 세다. 늘 자기만 옳고 상대방을 틀렸다고 말한다. 다름을 인정하지 못하기에 함께하기 어렵다. 지나치게 부드러운 사람은 기준 없이 늘 이랬다저랬다 한다. 착한 사람인 척하며 남을 기쁘게만 하려고 애쓴다. 아첨이나 거짓말만 일삼으며 말로만 사는 사람이 있다. 그런 사람과는 함께할 수 없다. 함께하면 해로움만 남는다.

無友不如己者.

배울 것이 없는 이와는 벗하지 말라.

- 『논어』「학이 8장」 -

배울 점이 없는 사람과는 함께하지 말자. 왜 그러한가. 내가 물들기 때문이다. 충분히 내가 물들지 않고 단단해졌을 때는 누구와 만나든지 상관없으나 영향받기 쉬울 때 잘못된 이들과 함께하면 금방 망가진다. 좋은 벗과 나쁜 벗에 대한 기준을 명확히 세워야 한다.

악연의 정의는 스스로가 내려야 한다. 내게 피해를 주는 사람, 악의를 가진 사람, 내 기준을 낮춰버리는 사람, 포기를 권유하는 사람 등은 각자만의 기준을 갖고 관계를 맺어야 한다. 물론 내가 일을 못 해서 혼내거나 옳은 방향으로 이끌기 위해 충고나 조언을 질책의 형태로 하는 사람은 악인이 아니다. 자칫하면 내게 조언해주는 사람조차 악인으로 정의 내려 스스로가 공격받는 피해자인 척 태도를 취하면 안 된다.

깨끗한 청정수에 똥물 한 방울만 떨어져도 그 물을 마시기 어렵다. 못 마시는 것은 아니지만 쉽게 손이 가지는 않는다. 전쟁터나 사막에서는 가리지 않겠지만 평상시의 우리에게 똥물이 떨어진 1급수를 마시라고 하면 백이면 백 마시지 않을 것이다.

1급수의 가치가 똥물 한 방울로 바닥까지 떨어진다. 아무리 훌륭한 사람도 어떤 악연 한 명으로 인해 사기꾼 취급받을 수 있다. 그렇게 떨어진 가치는 악한 사람 때문일까? 아니면 그런 악연을 만나 끊어내지 못한 사람 탓일까? 훔친 도둑도 문제지만 곳간을 열어둔 주인 잘못도 있다. 빛이 있는 곳엔 벌레가 꼬이기 마련이다. 세상 순진하게 나만 착하면 된다는 마음으로 살 수 없고, 모두와 함께 화목하게 지낼 수 있다는 착각도 그만해야 한다. 늘 변하는 것이 사람 마음이기 때문이다.

내가 가진 소중한 인연에 똥물을 튀기지 말자. 나라는 호수에 1급수 더 들이붓는 것보다 똥물 한 방울 안 튀겨야 한다. 나쁜 사람부터 걸러내라. 그것이 인연의 시작이다.

조화로우나 동화되지 않는다

조화는 모든 조직에서 추구해야 하는 가치이다. 조화가 없는 조직은 하나로 합쳐지지 못한다. 이를 흩어진다 하여 산만한 조직이라 말한다. 조화란 무엇일까. 화(和)라는 글자는 벼(禾)와 입(口)으로 이루어진 글자이다. 가을에 수확한 벼를 가족이 다 같이 먹는다. 한해 농사를 끝내고 다음 가을까지 먹을 수 있는 양식을 얻으니 얼마나 기쁠까. 또 수확한 벼를 다 함께 먹으니 얼마나 평화롭고 즐거울까.

즐거움을 함께할 때 조화가 생긴다. 같은 목표를 향해 함께 일하기에 서로 뜻이 맞고 사이가 좋아진다. 1 더하기 1이 2가 아닌 10이 될 수 있는 힘이 있다. 이익을 얻고 그를 나누어 먹을 때 화목해지고 서로 화답한다.

농사를 지을 때 벼와 함께 올라오는 잡초들이 많다. 이 잡초를 미리 뽑지 않으면 어느새 무성하게 올라와 벼보다 더 크게 자라고 밭에 있는 영양분을 모두 빨아들인다. 잡초를 없애지 않으면 가을에 수확할 수 있는 식량의 양이 줄어든다. 골라내기 작업이 반드시 필요하다.

君子和而不同, 小人同而不和.

군자는 화합하지만 동화되지 않고, 소인은 동화되지만 화합하지 못한다.

-『논어』「자로 23장」-

평안하게 살려면 조화를 이루어야 한다. 같은 뜻으로 함께 나아갈 수 있어야 한다. 그러나 동화되지는 말아야 한다. 나 자신이 환경과 일치되면 안 된다. 주변을 둘러보면 이익을 함께 하는 곳도 있지만 혼자 이익을 챙기는 사람도 있다. 문제는 우리가 환경을 쉽게 선택할 수 없는 데에 있다. 우리가 선택할 수 있는 것은 우리의 태도뿐이다. 만약 잡초가 많은 곳에 가면 그곳에 물들지 않도록 조심해야 한다. 애써 자란 벼를 잡초와 같게 만들면 안 된다.

성장을 포기한 사람들은 좋은 게 좋은 것이라며 환경에 내 몸을 맡겨버린다. 문제는 나를 맡기면서 나만 옳다고 주장하며 조화를 깨트린다. 소인이란 곧 성장하지 않으려는, 자포자기한 사람이다. 이들은 성장하고 싶지 않기에 화합보다는 자신들이 편한 곳에 머물려고 한다. 이러한 사람들을 경계해야 한다.

君子周而不比, 小人比而不周.

군자는 두루 통하지만 당파를 이루지 않고, 소인은 당파를 형성하지만 두루 통하지 못한다.

-『논어』「위정 14장」-

마찬가지 이야기이다. 당파를 형성한다는 것은 자기만의 편을 만들어 편가르기 게임을 시작하는 것이다. 조직에서 편가르기가 시작되면 너와 나의 구분이 생기고, 내 편을 제외한 나머지를 적으로 취급한다. 그런 조직에서 조화란 불가능하다.

조화를 추구하는 성장인이 되어야 하지 조화를 포기한 자포자기인이 되면 안 된다.

개조심과 게조심

인간관계를 맺으며 조심해야 하는 두 가지가 있다. 바로 '개'와 '게'이다. 개를 조심해야 하고 게를 조심해야 한다.

개조심은 간단하다. 나를 상처 입히는 개는 위험한 개다. 사나운 개에게 물리지 않게 늘 조심해야 한다. 문제는 어느 누구도 '개조심'이라고 써 붙이고 다니지 않는 현실이다. 무는 사람이 조심하지 않기에 맹견에게 물리지 않도록 내가 조심해야 한다. 사람을 늘 관찰하며 내게 상처 입히는 사람인지 아닌지를 구분해야 한다. 나를 대하는 태도, 타인을 대하는 태도를 관찰하며 그 사람이 어떤 사람인지 살펴야 한다.

길을 가다가 '개조심'이라고 쓰여 있는 팻말을 봤을 때 굳이 들어가서 사나운 개를 만져야 할까. 아니면 그 장소를 돌아가야 할까. 선택은 자유지만 안전을 위해서라면 후자를 택한다. 사람도 마찬가지로 굳이 화가 난 사람이나 나와 맞지 않는 사람, 함께하면 기운이 쭉 빠지는 사람과 함께 할 필요가 없다.

賢者辟世 其次辟地 其次辟色 其次辟言.

> 현명한 사람은 도가 행해지지 않는 세상을 피하고, 그 다음은 어지러운 지역을 피하고, 그 다음은 얼굴빛을 보면 피하고, 그다음은 그릇된 말을 하는 사람을 피한다.
>
> -『논어』「헌문 39장」-

도가 행해지지 않는 곳에서는 당연히 도망가야 한다. 내가 어떤 말을 해도 통하지 않는데 거기에서 무슨 말을 할 것인가. 어지러운 지역도 마찬가지다. 전쟁터에 누가 자기 발로 걸어가겠는가. 그 다음은 얼굴빛이 좋지 않은 사람이다. 화가 난 상사에게 가서 결재를 받으면 좋은 결과를 얻지 못한다. 마지막은 말을 함부로 하는 사람을 피한다. 말로 상처 주는 사람이 많다. 그들은 그냥 한 말이겠지만 비수로 날아와 꽂힌다. 그런 사람은 적절하게 피해야 한다.

차례로 멀어진다. 말을 보며 피하고, 그 말을 하기 전 얼굴빛을 보고 피하고, 얼굴빛을 보기 전 그 사람이 있는 지역을 피하고, 마지막으로 그 사람이 있는 세상을 피한다. 가능한 곳에서 피하는 기술을 연마해야 한다. 얼굴빛을 보고 피할 때가 가장 좋은 타이밍이지 않을까. 그래서 인사가 중요하다. 인사를 통해 얼굴빛을 볼 수 있지 않은가. 웃는 낯에는 침을 뱉지 못한다. 웃는 얼굴로 인사하며 눈치를 살피고 아니다 싶으면 얼른 도망가야 한다.

두 번째, 게를 조심하자. 게를 조심해야 하는 이유는 무엇인가. 크랩멘탈리티라는 심리 용어가 있다. 바닷가에서 게를 잡아 양동이에 넣었을 때 굳이 뚜껑을 덮어놓지 않아도 도망가지 않는다. 여러 마리 게들이 바닥에서 서로가 서로를 잡아 끌어내린다. 살기 위해 양동이를 벗어나려는 게를 다른 게가 끌어내린다. 물론 일부러 동료를 잡아 끌어내리는 것은 아니지만 무의식적이든, 의식적이든, 그것이 습성이든 간에 상관없이 도망치려는 게를 끌어내리는 상대가 있다는 사실이다. 결과적으로 나를 끌어내리려는 사람이 존재한다면 그 사람을 조심해야 한다.

변화하거나 새로움을 향해 나아가거나, 성장하려고 할 때 기존 세계에 있던 사람들이 나를 끌어내리려고 끝없이 시도한다. 걱정과 위로의 말로 유혹하며 자기와 같은 세계에 머물도록 유혹의 손을 뻗는다. 우물 안 개구리의 말이지만 유혹의 목소리는 우리를 바구니 속에 머물게 한다. 올바른 삶을 살려면 그런 게들의 손을 매정하게 뿌리쳐야 한다. 더 큰 세상을 향해 나아가기 위해선 훌쩍 성장해야 한다. 그렇다고 그들을 탓하지는 말자. 게들의 본능이 그러한데 어쩔 수 없는 일이다. '왜 그럴까'라는 생각보다 나를 잡는 손을 뿌리치고 그 양동이에서 벗어나 성장하는 것에 집중해야 한다.

우리가 알아야 할 점이 있다. 살면서 많은 이들이 나를 조롱할 것이다. 늘 조롱받을 준비를 하고 있어라. 올바른 길을 걸어갈 때 끝없이 쏟아지는 조롱과 악의를 견뎌낼 수 있는 용기가 있어야 한다. 나를 끌어내리려는 게들을 개의치 마라.

사실 개보다 게가 더 위험하다. 개는 공격적으로 이빨을 드러내기 때문에 명확하게 알 수 있다. 누가 봐도 개다. 반면에 게는 나를 위하는 척 하기에 구분하기 쉽지 않다. 같은 환경에 살고 있기 때문에 친할 수도 있고, 심지어 가족일 수도 있다. 그 게가 누구든 게라고 인식되면 빠르게 도망쳐라.

자포자기하는 사람

자포자기한 사람은 절망에 빠져 자신을 스스로 포기하고 돌아보지 않는 사람이다. 요즘 '이생망'이라는 단어가 자주 들린다. 이번 생은 망했다는 말이다. 이번 생은 끝났기에 포기하겠다는 말은 삶을 자포자기한 것이다. 스스로 포기하고 스스로 버린다. 삶을 책임지지 않겠다는 뜻이고, 어른으로 살지 않고 늘 어린아이처럼 의존하며 살아가겠다는 다짐이다. 이러한 사람과 어떻게 함께 살 수 있을까.

> 自暴者 不可與有言也. 自棄者 不可與有爲也.
> 스스로 해하는 자와 더불어 말할 것이 못되고, 스스로 버리는 자와 더불어 무엇을 할 것이 못 된다.
>
> -『맹자』「이루 상 10장」-

한껏 꼬인 사람과 만날 때

한껏 꼬인 사람과 함께하는 방법은 무엇일까. 무슨 말만 하면 자기식대로 해석하여 오해하고 좋은 말도 꼬아서 듣는 사람들이 있다. 함께하는 것이 너무 힘들 때는 어떻게 해야 할까. 사실 꼬여있는 사람과 함께하기는 쉽지 않다. 그럴 때는 이 문제를 해결하려고 노력하지 않아도 된다. 그냥 과감하게 끊어버려라.

너무 꼬여서 해결하기 어려운 상황을 고르디우스의 매듭이라고 한다. 그리스 신화 속에서 나오는 이야기이다. 프리기아의 왕 고르디아

스는 자신의 전차에 복잡한 매듭을 묶어놓은 다음 이 매듭을 푸는 사람이 아시아를 정복할 수 있다고 예언했다. 많은 사람들이 나서서 매듭을 풀려고 애썼지만 아무도 풀지 못했다. 하루는 그 지역을 지나던 알렉산더 대왕이 이 소식을 듣고 매듭을 풀려고 시도했지만 쉽게 풀리지 않았다. 마치 질긴 인연의 끈처럼 말이다. 이때 알렉산더 대왕은 발상의 전환으로 칼로 매듭을 끊어버렸다.

풀리지 않는 매듭은 과감하게 끊어야 한다. 꼬여있는 문제는 풀지 말고 끊어버리겠다고 결정해야 한다. 결정이란 과감함이다. 결정이란 과거와의 이별이다. 올바른 결정을 통해 보다 나은 결과를 얻어야 한다.

결정이란 어떤 행동이나 태도를 분명하고 확실하게 정하는 일이다. 모든 일에는 결정이 필요하다. 삶은 우리에게 질문을 던지고 우리는 그 질문에 대답하며 선택지를 결정한다. 매 순간이 결정의 순간이다.

결(決)이라는 글자는 물(水)과 터놓다( )라는 글자가 합쳐졌다. 터놓는 것은 닫혀 있는 상태를 통하게 만드는 것이다. 두 글자를 합치면 물이 통하는 상태를 의미한다. 항아리에 물을 담아놓았는데 항아리 바닥에 구멍을 내면 물이 콸콸 흘러나온다. 그래서 결(決)은 빠르다는 뜻이 포함되어 있다.

항아리에 구멍이 나면 그 상태를 어떻게 해결할지 결정해야 하는데, 중요한 것은 항아리에 든 물이 빠지기 전까지 신속하게 해야 한다. 결정은 과감해야 한다. 기존의 결과와는 다른 결과를 만들어 내기 위해 기존과 이별하고 이를 도려내어 새로운 길을 찾아내야 한다.

쾌(夬)는 중앙(央)에서 한 곳이 터진 글자이다. 중앙은 균형을 의미한다. 흔들리지 않고 안정된 균형상태에서 벗어나기 위해 과감하게 과거를 이별하고 새로운 곳을 향해 나아간다.

일상은 편안하기에 벗어나기 쉽지 않다. 우리의 뇌는 편안함을 좋아하지 새로운 것을 좋아하지 않는다. 하지만 편안한 곳을 벗어나 불편하고 위험하지만 새로운 곳을 향해 나아가는 개척자가 되어야 한다. 인류는 개척자 정신을 가진 사람 덕분에 발전하고 성장했다. 어제와 같은 일을 하며 다른 미래를 꿈꾸는 사람은 정신병자라고 말한 아인슈타인처럼 새로움을 결정해야 한다.

결정은 과감하게 이별하고 새로움을 분명하고 확실하게 선택해야 한다. 그렇게 정해야 한다. 정한다는 건 바로잡는 일이고 다스려 안정시키는 일이다. 터진 곳으로 흐르는 물을 다스려 평안하게 만드는 과정이 결정이다. 결정은 과감해야 하지만 결론은 편안함을 향해 나아가야 한다. 그것이 올바른 결정이다.

자기중심적인 사람

자기중심적인 사람을 피해야 한다. 이기적인 사람은 타인 배려가 불가능한 사람이다. 관계에서는 예의가 반드시 필요하다. 선을 지키지 않는 관계는 성립 자체가 불가능하다. 수시로 내가 정한 선을 침범하는 사람은 불편하다. 그들은 자신의 선만 중요하고 자신의 기분만 생각하며 타인 고려가 하나도 되지 않는다. 그들은 내가 가져야 할 이익조차 자신들의 이익으로 가져가려 할 것이다. 그런 강탈자들로부터 스스로를 잘 보호해야 한다.

내 의사를 물어보지 않는 사람도 피해야 한다. 내 의사보다 본인의 의사가 더 중요한 사람들은 내 의견을 묵살한다. 자신이 옳고 나는 틀리다. 무언가 의견을 개진하면 수용하지 않고 오히려 면박을 주며 자신의 의견을 강요한다. 교묘하게 말하며 우리를 조종하려 든다. 이런 일이 지속되면 흔히 말하는 가스라이팅이 시작된다.

우리의 판단을 상대에게 맡기면 상대는 즐거워하며 우리의 선택지를 앗아간다. 내가 생각하고 결정하는 과정이 없으면 상대방에게 금방 속고 만다. 스스로 의심하게 만드는 의심의 씨앗을 계속 우리에게 심기 때문에 이를 조심해야 한다.

나를 위하는 척 은근히 지적을 많이 하는 사람도 있다. 선의의 충고는 우리의 양식이 되지만 지적의 충고는 상처만 될 뿐이다. 스스로가 많이 알고 있다고 해서 남을 고치려 드는 사람이 있다. 남의 스승 되기를 원하는 사람들이 많다. 내 의지와는 상관없이 자신이 있는 곳으로 끌고 가려 한다.

자신의 결정권을 절대 넘기지 말자. 아닌 것은 아니라고 답하는 단호함을 보여줘야 한다. 단호함을 선택하지 못하기에 그들은 자꾸 우리의 선을 침범해 넘어와 주인 행세를 한다. 주인이 집에 없고 손님이 집주인이 된다. 타인에게 내 선을 분명히 인식시켜야 한다. 그 시작은 안 된다는 단어 하나다. 분명하게 거절할 수 있어야만 스스로를 지키고, 타인 또한 선을 지키도록 가르쳐 줄 수 있다.

열등감 있는 사람

열등감이 있는 사람은 내가 무슨 말만 해도 오해해서 듣는다. 열등감이란 스스로가 무가치한 인간이라고 평가하는 감정이다. 열등감이 있는 사람은 스스로를 부정한다. 삶을 부정하고, 자신이 걸어온 길을 부정하고, 나아가 존재조차 부정한다.

열등감이 있는 사람들은 있는 그대로 듣거나 보지 못한다. 스스로를 부정하기에 타인조차 부정한다. 타인이 하는 모든 말이 거짓말 같고 위선같이 느낀다. 늘 남들과 비교하고 못 한 점만 찾는다.

열등감은 늪과 같다. 열등감이 지속되면 우울증이 온다. 열등감의 늪에서 꺼내려 해도 꺼내지지 않는다. 타인의 노력을 우습게 여기며 도움을 포기하면서 '역시 나는 누구도 도와주지 않아.'라고 생각하며 부정성이 강화된다.

농담으로 한마디를 건네도 그 말에 벌컥 화를 내거나 기운이 축 처지며 고립을 자처한다. 열등감 있는 사람들은 우리의 말이 제대로 해석되지 않는다. 개선하고자 선의의 질문을 던져도 피해의식으로 답변하기 때문에 말을 거는 사람도 지쳐간다.

타인을 조롱하며 깎아내리는 사람은 그 행위를 통해 상대적으로 자신이 높아진다고 착각한다. 이런 열등감 있는 사람과 함께하기는 쉽지 않다. 열등감을 극복하는 사람이 있고, 열등감에 빠져 평생 피해의식 속에 사는 사람이 있다. 우리는 구원의 손을 건넬 수는 있으나 그들을 구원할 수는 없다. 스스로의 노력이 없으면 열등감에서 건질 수 있는 사람은 아무도 없다. 열등감 있는 사람과 만나면 그저 기다려야 한다. 스스로가 힘들다는 사실을 깨닫고 구호신호를 보낼 때까지 묵묵히 기다려야 한다.

불평불만 많은 사람

열심히 일을 하고 있는데 주위에서 불평불만이 들려오면 맥이 탁 풀린다. 서로 해보겠다고 파이팅 하고 있는데 옆에서 '그거 해봤자 안돼'라는 말 한마디에 사기가 무너진다. 불평불만은 독과 같다. 불평은 순식간에 전염되기에 경계해야 한다.

할 수 없다는 이유로 매일 불평하는 사람과는 멀어져라. 우리는 일을 해내기 위해 살지 불평하기 위해 살지 않는다. 눈앞에 있는 장애물이 아니라 우리가 할 수 있는 가능성에 초점을 둬야 한다. 지나간 과거가 아닌 미래에 눈을 두어야만 불평하지 않고 주어진 일을 묵묵히 한다. 한탄을 하고 있기에는 나아갈 시간도 부족하다. 도전할지, 회피할지는 스스로의 선택에 달려 있다.

불평이 많은 사람은 문제해결에 초점을 두지 않고 불만이라는 감정에만 초점을 두기에 아무 의미가 없다. 불평은 절대적으로 무의미하다. 이왕 시작했으면 질적인 수준을 높이고 높은 완성도를 향해 나아가야 하는데 자신의 편안함을 방해하는 도전을 혐오하며 도전하지 않는 삶으로 끌어내리려고 한다.

이들에게는 대안을 제시하라고 역으로 물어야 한다. 반대를 위한 반대가 아닌 성장을 위한 반대라면 수용해도 된다. 무조건적인 불평은 그 말이 나올 때 싹을 잘라야 한다.

투덜이들은 투덜이들끼리 모아놓아야 한다. 투덜이들 사이에 끼면

혼란만 심해진다. 얼른 그 자리에서 박차고 나와야 한다. 차라리 혼자 있으면 있지 투덜이들 속에 있지 말아야 한다.

감정기복이 심한 사람과는 오랜 관계를 맺기 힘들다. 이런 사람은 그날그날 감정이 달라 적응하기 어렵다. 예측 가능해야 신뢰가 쌓이는데 관계에 예측 자체가 불가능하다.

약속을 지키지 않는 사람

약속이란 신성한 일이다. 약속은 앞으로 일을 어떻게 할지를 정하는 일이다. 약속을 지키지 않는다는 것은 앞으로의 일을 지키지 않겠다는 말과 같다. 말을 지키지 않는 사람과 무슨 말을 할 수 있을까.

약속은 신뢰를 형성하는 가장 큰 역할을 한다. 아무리 사소한 약속이라 하더라도 반드시 지켜야 한다. 이 중요한 약속을 지키지 않는 사람이 있다. 신의를 저버린 사람과는 함께하지 말자.

약속을 어기는 사람에겐 기대를 하지 말아야 한다. 물론 한 번 실수할 수는 있다. 그럴 때는 한 번 더 기회를 줄 수는 있지만 실수가 반복된다면 이는 고의다. 마음이 없으면 실수가 계속된다.

마음이 없는 사람은 약속을 잘 지키지 않는다. 마음이 없는데 굳이 마음을 얻으려 하지 않아도 된다.

공자의 가르침

공자가 미워하는 사람에 대해 알아보자. 4대 성인에 속하는 공자도 미워하는 사람이 있었다.

> 有惡. 惡稱人之惡者, 惡居下流而訕上者, 惡勇而無禮者, 惡果敢而窒者.
> 군자도 미워함이 있으니, 남의 단점을 말하는 자를 미워하며, 아랫사람으로서 윗사람을 비방하는 자를 미워하며, 용맹만 있고 예의가 없는 자를 미워하며, 과감하기만 하고 융통성 없는 자를 미워한다.
>
> -『논어』「양화 24장」-

첫째, 남의 단점을 말하는 사람이다. 흔히 뒷담화라고 말하는데, 이러한 뒷담화는 절대 하지 말아야 한다. 이 세상에 비밀은 없고 어떻게든 그 이야기가 상대에게 들어가기 마련이다.

> 言人之不善, 當如後患何.
> 남의 선하지 않은 점을 들추어 말하다가 후에 후환을 어찌 하려하느냐?
>
> -『맹자』「이루 하 9장」-

뒷담화는 그 후환을 감당해 내기 어렵다. 적을 만드는 가장 쉬운 방법이기 때문이다. 물론 윗사람이 하는 일이 이해가 가지 않을 수도 있다. 하지만 내가 아는 범위보다 상사가 아는 범위가 다르다는 사실을 알아야 한다. 상사는 다양한 경험을 통한 판단으로 한 일을 내가 이해하지 못한 것일 수도 있다. 내가 맞다고 생각하여 오만하게 움직이지 말아야 한다.

둘째, 무식하면 용감하다. 남자가 농담으로 자주 하는 말이 있다. '안 죽어. 괜찮아.' 이러다가 크게 다치기 마련이다. 용맹한데 선이 없으면 위험하다. 힘이 세다고 지나가다가 힘자랑하며 유리창을 깨면 말이 되는가. 힘센 나라가 자신의 국력을 믿고 다른 나라를 공격하면 말이 되는가. 우리는 늘 예의라는 선을 지켜야 한다.

셋째, 과감한데 빡빡한 사람, 즉 융통성이 없는 사람을 미워한다. 일을 딱 잘라서 결정을 잘한다. 문제는 그 결정이 상황에 맞지 않는 일이라는 결정이라는 점이다. 장발장이 은그릇을 훔쳤을 때 신부님은 본인이 주었다고 말했다. 이는 융통성을 가진 행동이었다. 당연히 물건을 훔친 사람은 잡혀가야 하지만, 장발장의 상황을 이해했기에 신부님은 그런 선택을 했다. 융통성이 없는 사람과는 함께하기 쉽지 않다.

선한 사람 만나기

——— 만나지 말아야 할 사람을 알았다면 이제는 만나야 할 사람을 알아야 한다. 누구와 함께 살아야 하는가. 어떤 사람과 함께해야 인생을 잘 살아갈 수 있을까.

배울 수 있는 사람

배우자를 만날 때 어떤 사람을 만나야 할까. 서로 배우는 사람을 만나야 진정한 배우자라고 말하지 않을까. 사람도 마찬가지로 서로 배울 수 있는 사람을 만나야 한다. 사람의 관계는 상생이 되어야 한다. 서로 도와주고 이끌어 주며 힘이 되어주는 관계가 진정한 관계이다.

見賢思齊焉, 見不賢而內自省也.
어진 이를 보면 그와 같아질 것을 생각하고, 어질지 못한 이를 보면 자신 또한 그렇지 않은지를 반성한다.

-『논어』「이인 17장」-

훌륭한 사람을 보면 모방하려 애쓰고, 부족한 사람을 보면 스스로를 반성한다. 모방은 창조의 시작이다. 어렸을 때 위인전을 많이 보는 이유는 닮고 싶은 롤모델을 찾아 닮아가기 위함이다. 어릴 때의 롤모델은 부모님이다. 우리는 부모님에게 삶의 전반적인 분야를 배운다. 이때 부모님만이 아닌 많은 롤모델을 찾아 나서야 한다. 그 방법이 독서다. 책 속의 위인들에게 배우며 나만의 스승을 찾아야 한다.

三人行必有我師焉. 擇其善者而從之 其不善者而改之.
세 사람이 길을 걸어간다면, 반드시 나의 스승이 있다. 그들에게서 좋은 점은 가리어 본받고, 그들의 좋지 않은 점으로 스스로를 바로잡는다.

-『논어』「술이 21장」-

인생을 걸어가다 보면 나보다 훌륭한 사람이 있다. 이 사람은 무조건 함께해야 한다. 많이 배우고 따라 하고 관찰하며 얻어야 한다. 이를 정면교사라고 한다. 반대로 나보다 부족한 사람이 있다. 나보다 부족한 사람은 반면교사 해야 한다. 그 사람의 행동을 보고 나는 그러한 행동을 하지 않았는지 되돌아본다.

道吾善者是吾賊 道吾惡者是吾師.

나의 선한 점을 말하여 주는 사람은 곧 나를 해치는 사람이요, 나의 나쁜 점을 말하여 주는 사람은 곧 나의 스승이다.

- 『명심보감』「정기편」 -

내 선한 점보다 내 나쁜 점을 알아야 개선의 여지가 있다. 개선할 점을 이야기해야지 좋은 점만 말해주면 아첨이 된다. 물론 이 말은 들을 준비가 되어 있을 때 가능한 이야기이다. 내가 준비가 안 되어 있는 상태에서 지적을 들으면 기분만 나빠진다.

일을 하다 보면 좋은 상사를 만날 때가 있다. 좋은 상사란 나에게 친절하게 대해주는 사람이 아니다. 나한테 잘해주는 사람이 아니라 나를 성장시키고 성공시키는 상사가 좋은 상사이다. 직장은 친목을 도모하는 장소가 아니다. 친목도모는 밖에서 친구와 함께하면 된다. 일터란 일을 하러 간 곳이다. 그곳에서 핵심은 '일을 어떻게 하는가'이다. 일터에서의 좋은 상사는 채찍질도 하지만 당근도 주며 자신의 팀원들을 이끌어간다. 혼날 때도 있지만 그것이 성장을 위한 일이라면 감당해내야 한다.

그런 상사는 끝까지 따라가야 한다. 물론 그러지 않은 상사도 많지만 그 상태에서도 배움이 있다. 배움을 찾는 것은 내 몫이다. 좋은 장소에서는 좋은 면을 본받고, 좋지 않은 환경에서는 다음에 하지 않을 일을 기록하여 잊지 말아야 한다.

좋은 관계란 상생의 관계이다. 즉, 서로 배우고 나아가 삶의 철학과

가치관을 공유할 수 있는 관계이어야 서로 성장한다. 가치관이란 인생을 어떤 마음으로 살아갈지에 대한 관점을 말한다. 우리가 어디를 바라보고, 어떤 마음을 갖고 나아가야 하고, 어떻게 가야 하는가. 이러한 삶에 도움이 되는 이야기를 함께 공유하고 배울 수 있는 관계를 만나야 한다.

사람다운 사람

사람다운 사람은 인성이 훌륭한 사람이다. 사람이 먼저라는 마음이 깊게 인식되어 있는 사람은 만나면 편안하다. 이익이 아닌 사람에게 집중하기 때문이다.

> 廄焚. 子退朝曰, 傷人乎 不問馬.
> 마굿간에 불이 났는데, 공자께서 퇴근하시어 "사람이 다쳤느냐?" 라고 물으시고는, 말에 대해서는 묻지 않으셨다.
>
> - 『논어』「향당 12장」 -

지금으로 치면 회사 주차장에 불이나 그 안에 있던 차들이 모두 타 버렸다. 그때 어떤 사람은 차에 대한 가격과 손해를 이야기하지만 훌륭한 인성을 가진 사람은 사람이 다쳤는지를 묻는다. 이는 맹자에 나오는 첫 번째 이야기와 비슷하다.

양혜왕이 맹자에게 물었다. '선생님께서는 천리를 멀다 하지 않고 오셨는데, 어떻게 나라를 이롭게 하실는지요?' 그 질문에 대한 맹자의

답이다. '왕께서 어찌 이익을 말씀하십니까. 오직 인(仁)과 의(義)만 있을 뿐입니다.'

삶의 우선순위는 이익이 아니라 인(仁)이라는 너그러움과 의(義)라는 올바름이다. 여기에 한 가지를 추가하면 예(禮)라는 선이다. 너그러운 사람을 만나고, 올바름을 따르는 사람을 만나고, 선을 잘 지키는 사람과 함께해야 한다.

晏平仲善與人交 久而敬之

안평중은 사람과 사귀기를 잘한다. 오래되어도 공경하는구나.

- 『논어』「공야장 17장」 -

사람 사이의 관계가 오래될수록 예의를 잃지 말아야 한다. 가까워질수록 편해지고, 편해질수록 말이 거칠어진다. 이를 경계하며 오래되어도 선을 넘지 않도록 유의해야 한다.

恭者不侮人, 儉者不奪人.

공손한 사람은 남을 모욕하지 않고, 검소한 사람은 남의 것을 빼앗지 않는다.

- 『맹자』「이루 상 16장」 -

공손한 사람은 모욕하지 않는다. 친할수록 모욕하기 쉬운데 공손한 사람은 이를 경계한다. 검소한 사람은 스스로가 검소하기에 남의 것을 탐내지 않는다.

있는 그대로 봐주는 사람

나를 있는 그대로 보는 사람과 함께해야 한다. 있는 그대로 본다는 것은 내 조건이나 과거 같은 요소들을 고려하지 않고 보는 것이다. 부모에게 자식은 늘 어린아이와 같다. 오십이 넘어도 어머니에게 아들은 어린아이이다. 문제는 성장을 인정하지 않고 늘 어린아이처럼 대하면 잘못된 것이다. 장성한 아이는 어른 대접을 해야 하고, 그에 맞는 태도로 관계 맺어야 한다.

맹자가 친구 사귐에 대해 한 말이 있다.

> 不挾長 不挾貴 不挾兄弟而友. 友也者 友其德也 不可以有挾也.
> 연장자라는 의식을 버리고, 벼슬이 높다는 의식을 버리고, 패거리 의식을 버리고 사귀어야 한다. 벗이란 덕을 벗 삼는 것이니, 다른 것들을 끼워 넣으면 안 된다.
>
> -『맹자』「만장 하 3장」-

친구를 사귈 때 그 사람의 조건을 따지지 말아야 한다. 조건이 아닌 상대의 본질을 봐야 한다. 조건이라는 덫에 빠지면 그 사람을 보지 못하고 속아 넘어간다. 반짝거리는 외적인 부분에 빠지면 내면에 집중하지 못한다. 조건을 다 잘라낸 그 사람 자체를 보기 위해 노력해야 한다.

어떤 일이든 극복해내는 사람

인생이란 여정은 많은 장애물이 존재한다. 그 장애물을 벽처럼 느끼는 사람이 있는가 하면 그 벽을 눕혀 다리로 만드는 사람이 있다. 인생을 극복해내는가, 아니면 순종하며 머무는가에 따라 인생은 180도로 달라진다.

극복해내는 사람들의 태도는 다른 사람들과는 전혀 다르다. 어떤 일이든 해내기 위해 끝없이 생각하고 고민하며 끝내 해낸다. 안 된다며 포기하지 않고 될 때까지 한다.

그들이 보여주는 열정과 행동력은 내게도 영향을 미친다. 그들의 삶 자체가 내게 동기부여가 되고 영감이 된다. 유튜브에서 왜 동기부여 영상을 찾아보는가. 그들이 해냈으니 나도 해낼 수 있다는 마음이 있기 때문이다. 해내는 사람 옆에 있으면 나도 해내게 된다.

힘든 일은 누구나 겪는다. 가정일, 회사일, 돈문제 등 다양하다. 그럼에도 불구하고 그 일을 이겨내는 사람들은 차원을 다른 삶을 살아간다. 인생에 맞서 싸우고 회피하지 않는다. 인생으로부터 도망치지 않기에 당당하게 살아간다. 고민이나 문제를 이겨내 굴복시킨다.

극복을 영어로 'overcome'이라고 한다. over은 넘어라는 뜻이고 come은 나아가다라는 뜻이다. 우리 앞에 있는 산을 넘어서 앞으로 나아감이 극복이다. 우리나라는 산지가 많아 산 넘을 기회가 많다. 작은 산을 넘으면 큰 산도 넘을 수 있다.

우리가 못한다고 하는 말은 말은 사실이 아니다. 우리는 안하는 것이다. 못한다는 것은 금강산을 한 번에 뛰어넘는 일을 못한다고 말한다. 극복하지 못한다라는 말은 불가능하다. 극복하기 위해 살아가는 삶이기 때문이다. 가까이서 보면 비극이지만 멀리서 보면 희극이다. 보다 객관적으로 인식하여 극복하며 살아가야 한다. 진부한 이야기이지만 모든 고난은 성장의 기반이 된다.

긍정하고 감사하는 사람

불평하는 사람 옆에 있으면 기운이 빠지지만 긍정적이고 감사하는 사람 옆에 있으면 마음이 편안하다. 긍정적인 사람은 적극적이고 능동적이다. 긍(肯)은 즐기다, 수긍하다, 옳다고 여긴다는 뜻이 있다. 긍정적인 사람은 상대의 말을 수긍하고 맞다고 인정하며, 그 일을 즐긴다. 어느 누가 자기 말을 인정해 주고 즐거워해 주는 사람을 싫어할까. 늘 경청하는 자세로 상대를 긍정하기에 이런 사람과 만나면 편안해진다.

긍정적인 사람은 스트레스를 덜 받는다. 스스로가 스트레스를 쉽게 받지 않기에 남에게 스트레스 주지도 않는다. 나아가 주변에 긍정에너지를 전파하여 모두를 기분 좋게 한다.

깜깜한 밤에도 별들은 빛난다. 빛과 어둠 사이에서 선택할 때 빛을 골라야 한다. 어둠 속에 나를 맡길 필요는 없다. 밝게 웃는 사람을 만나라. 그 밝음이 나조차 밝힐 것이다.

나를 응원해 주는 사람

인생에서 나를 마음 깊이 응원해주는 사람을 찾기는 쉽지 않다. 만약 한 사람이라도 찾았으면 그 사람과 평생 함께한다는 마음으로 만나야 한다. 말로만 격려하고 그에 상응하는 행동이 이행되지 않으면 별 소용이 없다. 그 사람은 말로만 사는 사람이다. 진짜 응원하고 격려하는 사람은 물질적으로, 정신적으로 성장하도록 응원하고 격려한다.

응원을 받으면 없던 힘도 솟아난다. 좌절하여 힘들 때 누군가의 응원이 있다면 다시 한번 더 일어날 수 있는 용기를 갖는다. 누군가의 지적은 응원으로 치유된다. 나를 응원하고 격려해주는 사람이 있다면 함께해야 한다.

단, 그 응원에 목매지 말아야 한다. 응원을 구걸하지 마라. 응원을 구걸하는 순간 삶의 주도권이 타인에게 넘어간다. 그 응원에 집착하면 삶이 구차해진다. 그런 구차한 관계가 아닌 상호 독립적인 관계를 맺어야 한다.

인생의 멘토를 찾아라

인생의 멘토를 찾아라. 인생에 멘토가 있다는 건 어떻게 항해할지, 어디로 가야 할 지를 제대로 알 수 있다는 말과 같다. 먼저 걸어간 선배들은 삶의 지혜를 갖고 있다. 책에서든, 삶에서든 나만의 스승님을 찾아야 한다. 물론 멘토를 찾는 길은 멀고도 험하다. 평생 못 찾을 수도 있다. 그럼에도 자신의 스승님을 찾았다면 삶을 배워야 한다.

누구를 멘토로 정해야 하는가. 첫째, 지혜로운 사람이어야 한다. 내게 지식이 아닌 상황과 때에 맞는 지혜를 줄 수 있어야 한다. 둘째, 현명해야 한다. 현명한 사람은 늘 지혜로운 답을 내려준다. 셋째, 큰 사람이어야 한다. 나를 품어줄 수 있는 사람이어야 한다. 넷째, 방향을 제시해줘야 한다. 내 삶이 어디로 가야 할지 알려줄 수 있는 사람이어야 한다. 마지막, 나를 아껴주는 사람이어야 한다. 제자는 자식과 같다. 자식을 사랑하지 않는 부모는 없다.

현실에 없다면 책에서라도 찾아야 한다. 고전을 읽는 이유는 검증된 스승을 찾기 위함이다. 요새 서점에 있는 책은 1년만 지나도 보이지 않는다. 하물며 2천 년이 지난 지금에도 읽히는 고전은 그 힘과 지혜가 굉장히 크다. 우선 검증된 고전으로 그릇을 만들고 그 다음 다른 독서를 통해 세상을 담는다.

좋은 사람과 만나며 좋은 사람이 되어라

좋은 사람과 만나야 한다. 좋은 사람과 함께하면 행복하고, 이해받고, 가치관이 같고, 안정감을 얻는다. 그 속에서 우리는 그들을 닮아가야 한다. 나보다 나은 사람을 만나야 하는 이유는 그들을 닮아가기 위함이다. 그들에게 영향받기 위함이다. 그들을 따라가기 위함이다.

성공한 사람, 훌륭한 사람을 모방해서 나를 바꿔야 한다. 내가 성공하지 못한 이유는 그들처럼 행동하지 못했기 때문이다. 관계를 맺으면서도 어떤 것을 바꿔야 하는지 고민해야 한다.

관계는 일방적이면 안 된다. 만나는 사람이 나보다 나은 사람이라면 그 사람이 나를 만날 이유가 없다. 내가 그 사람에게 줄 수 있는 가치를 찾아내야 한다. 그것이 내 몫이다. 상생이라는 관계는 받기만 하거나 주기만 하는 관계가 아니다.

기준을 낮추지 마라

좋은 사람을 만나고 나쁜 사람을 만나지 않아야 하는 가장 큰 이유는 무엇일까. 사람에 의해 내 기준이 정해진다. 사람은 늘 사람에게 영향받고 살아간다. 훌륭한 사람과 함께 있으면 그들의 기준을 따라가며 인생도 그에 맞춰 살아가게 된다. 몇 날 며칠 밤을 새도 끄떡없이 자기가 해야 할 일을 하며 열심히 살아간다. 반면에 나쁜 사람들은 낮은 기준으로 살아간다. 하루에 1시간만 일해도 힘들다고 불평하며 매사 불만만 쏟아낸다.

타인의 삶을 보며 내 삶의 기준을 확립해나간다. 누구와 함께해야 하는가. 누구와 함께해야 내 기준이 높아지는가. 누구와 함께하지 말아야 내 기준이 낮아지지 않는가. 이를 매 순간 고민해야 한다.

인생은 선택이다. 누구와 만날지도 선택이다. 다만 그 선택이 보다 긍정적으로, 성장적으로, 발전적으로, 성공적으로 해야 삶이라 말하지 않을까.

4

어떻게 해야 하는가

——— 왜 인간관계가 중요한지, 인간관계의 시작은 무엇인지, 누구와 인연 맺어야 하는지를 알았다면 이제는 어떻게 맺어가야 하는지를 알아야 한다. 누구와 만나는지도 중요하지만 내가 어떻게 하는지도 중요하다. 내가 어떻게 하는지에 따라 좋은 사람이 나쁘게 변할 수도 있고, 나쁜 사람이 좋게 변할 수도 있기 때문이다. 물론 사람이 변하지는 않겠지만 나를 대하는 태도를 고치게 만들 수는 있다. 열 명의 친구를 만들기보다 한 명의 적을 만들지 않는 적절한 처신이 있어야만 올바른 인간관계를 맺을 수 있다.

恩義廣施. 人生何處不相逢. 讐怨莫結. 路逢狹處難回避.

은혜와 의리를 널리 베풀어라. 사람이 어느 곳에 살든 서로 만나지 않으랴? 원수와 원한을 맺지 마라. 길이 좁은 곳에서 만나면 회피하기 어렵다.

-『명심보감』「계선편」-

원수는 외나무다리에서 만난다. 살면서 절대 보지 않을 것이라 생각했던 사람을 우연하게 만나기도 한다. 그리고 그 우연이 대부분은 좋지 않은 관계로 계속 이어진다. 세상은 절대 넓지 않다. 때문에 미리 베풀고 적을 만들지 않는 태도를 가져야 한다. 외나무다리에서 만났을 때 선택지는 두 가지밖에 없다. 싸우거나 물러서거나. 외나무다리에서 만나기 전에 미리 베풀어 두어야 한다. 그 시작이 바로 너그러움이다.

인간관계의 시작은 무엇일까. 어떤 사람이 인간관계를 잘 시작할 수 있을까? 바로 너그러운 사람이다. 공자는 그 너그러움을 인(仁)이라 말했고, 그런 사람만이 적이 없다고 말했다.

仁人心也. 義人路也.
맹자께서 말씀하셨다. '인(仁)은 사람의 마음이요, 의(義)는 사람의 길이다.

-『맹자』「고자 상 11장」-

인이란 사람의 마음이다. 사람의 마음은 어질고 너그러워야 한다. 어진 마음으로 올바른 길로 걸어가야 한다. 사람이 마땅히 지켜야 할 도리를 갖고 의로움의 길을 걸어간다.

仁也者人也. 合而言之道也.

맹자께서 말씀하셨다. '인(仁)이라는 것은 사람이다. 합하여 말하면 도(道)이다.'

－『맹자』「진심 하 16장」－

인(仁)이란 곧 사람이다. 어질어야 사람이고 사람은 어질어야 한다. 어진 사람만이 도(道)를 갖춘다. 도(道) 길이다. 자신의 길을 찾을 수 있는 사람은 오직 어진 사람이다. 마음이 너그럽고 착하며 슬기롭고 덕이 높다. 이루기 힘들지만 이러한 사람다운 사람만이 좋은 관계를 맺을 수 있다.

惟仁者能好人, 能惡人.

오직 인한 사람이어야 남을 좋아할 수 있고, 남을 미워할 수 있다.

－『논어』「이인 3장」－

오직 인한 사람만이 남을 좋아하고 미워할 수 있는 조건을 갖춘다. 인(仁)한 사람이란 어질고 타인의 감정에 민감하게 반응하고, 불쌍히 여길 수 있는 사람이다. 즉, 공감능력을 갖춘 사람이어야만 타인과 함께 관계 맺으며 좋아하고 싫어함을 나타낼 수 있다.

선한 사람에게는 좋아함을 드러내고, 악한 사람에게는 미워함을 드러내어야 한다. 모두에게 좋은 사람이 되는 것은 재앙의 시작이다. 악인에게 철저하게 악하게 대해야만 진정한 인(仁)이다. 나쁜 사람에게 나쁘다는 소리를 들으면 그건 더할 나위 없는 칭찬이다. 마이너스와 마이너스를 곱하면 플러스가 된다.

鄕原 德之賊也.

향원은 덕의 적이다.

-『논어』「양화 13장」-

향원은 모든 사람들이 좋은 사람이라고 칭송했던 자들이었다. 향(鄕)을 고을을 의미하고 원(原)은 근원을 뜻한다. 고을에서 한 주름 잡던 사람들을 의미한다. 향원에 대해 모든 사람이 좋은 사람이라고 말했는데 공자는 왜 덕의 적이라고까지 표현했을까. 이에 대해 맹자의 보충 설명을 들으면 이해가 간다.

非之無擧也 刺之無刺也 同乎流俗 合乎汚世. 居之似忠信 行之似廉潔 衆皆悅之 自以爲是 而不可與入堯舜之道. 故曰 德之賊也.

비난하려고 들면 들어서 말할 것이 없고, 풍자하려고 들면 풍자할 것이 없으며, 흘러가는 시속에 동화되고 더러운 세상에 부합한다. 거처함은 충직하고 믿음직스러운 듯하고 행동은 청렴결백한듯하여 여러 사람들이 다 그를 좋아하고 자신도 옳다고 여기지만 요순의 도에는 들어갈 수 없기 때문에 '덕을 해치는 사람'이라고 하신 것이다.

-『맹자』「진심 하 27장」-

비난할 일도, 올바른 일도 하지 않고 술에 술 탄 듯, 물에 물 탄 듯하며 행동은 선한 척하는 두루뭉술한 사람이다. 마을을 위해 애쓰며 군자인 척하지만 정작 실속은 자기 이익만 챙기고, 원칙 없이 이리저리 휩쓸린다. 국어사전은 향원을 수령을 속이고 양민을 괴롭히던 세력으로 선량한 '척'하면서 중간에서 곡물을 가로채는 일을 하던 사람이라고 서술했다. 좋은 사람인 척했지만 인(仁)이 아닌 이익에만 힘썼기에 그를 덕의 적이라고 표현했다.

어진 사람은 향원 같은 올바르지 않은 사람을 적이라 표현하고 그에 맞게 상대한다. 선한 사람인 척 꾸미는 사람은 철저히 배척했다. 그러하기에 오직 인한 사람만이 남을 좋아할 수 있고, 남을 미워할 수 있다. 악인을 악하게 대하는 것이 그에 대한 올바른 사랑이다.

앞서 향원은 덕의 적이라고 말했는데, 덕이란 무엇인가. 덕을 사전에서 찾으면 '공정하고 남을 넓게 이해하고 받아들이는 마음이나 행동.'이라고 나온다. 그렇다면 덕의 적이란 너그럽게 이해하고 수용하는 일을 하지 않는 사람을 말한다.

이해해야 할 사람을 이해해야 하는데 그렇지 않은 사람을 이해하고 수용할 수는 없는 일이다. 덕이란 곧 사람으로서 지켜야 할 도리를 실천해 나가는 능력이다. 사람이 사람다울 수 있는 기준을 세우고, 사람으로서 가야 할 길을 걸어갈 때 우리는 덕을 행한다고 말한다. 기준이 불분명하고, 두루뭉술하게 자신의 이익만 힘쓰는 사람을 우리는 미워해야 한다.

맹자에게 제나라의 선왕이 물었다. 강한 힘을 가진 사람이 윗사람을 정벌해도 되는가에 대한 질문이었다. '폭군이었던 걸왕을 탕왕이 정벌하고, 주왕을 무왕이 정벌했는데 신하가 임금을 시해해도 됩니까?' 이 질문에 맹자는 그렇게 전해져 왔다고 말했다. 맹자의 대답이 두루뭉술하기에 선왕은 다시 물었다. '신하가 임금을 시해해도 됩니까?' 그에 대한 맹자의 답이다.

賊仁者謂之賊, 賊義者謂之殘, 殘賊之人謂之一夫. 聞誅一夫紂矣,

未聞弑君也
인(仁)을 해치는 자는 도둑이라 말하고, 의(義)를 해치는 자를 잔인하다고 말합니다. 도적과 잔인한 사람은 그저 한 사내일 뿐입니다. 한 사내에 불과한 주를 죽였다는 이야기는 들었지만 왕을 시해했다는 이야기는 듣지 못했습니다.

- 『맹자』「양혜왕 하 8장」 -

사람 아닌 사람을 왕으로 볼 수 없다는 강력한 표현이다. 임금이 임금다워야 한다. 임금답지 않은 임금, 자신의 이익에만 힘쓰는 사람은 없어도 괜찮다는 말이다. 인(仁)이라는 너그러움은 모두와 선하게 지낸다는 너그러움이 아니다. 철저하게 가리는 사랑을 하는 삶이다.

樊遲問仁. 子曰 愛人.
번지가 인(仁)에 대해 여쭈었더니 공자께서 말씀하셨다. '사람을 사랑하는 것이다.'

- 『논어』「안연 22장」 -

우리는 사람을 사랑해야 한다. 선한 사람은 선한 사람에 맞는 사랑법이 있어야 하고, 악한 사람은 악한 사람에 맞는 사랑법이 있어야 한다. 자식이 올바른 길을 가도록 회초리를 드는 사랑법이 있고, 가난한 사람에게 밥을 사주며 이끌어 가는 사랑법이 있으며, 악한 자를 철저히 배척하고 밀어내는 사랑법이 존재한다.

사람을 알아야 하고 사랑을 배워야 한다. 그렇게 형성된 인간관계만이 건전하고 서로 상호보완이 가능한 관계가 이루어져 오랫동안 지속된다.

말조심하기

——— 사람을 만나면 인사부터 시작한다. 눈빛 교환을 하고 악수를 하거나 목례를 하며 '말'을 시작한다. 진정한 관계의 시작은 말이다. 인연이 이어지는 시작은 말이지만 끊어지는 시작 또한 말이다. 누구도 말에서 자유로울 수 없다. 말을 제대로 해야 관계가 유지된다.

인간의 정의에는 언어의 사용이 포함되어 있다. 언어는 모든 인간의 기본이나 그 기본을 잘 지켜 가야 할 목적지는 건전한 사회를 이루는 일이다. '말'이 건전한 사회를 이루기 위한 도구가 되어야 하지 건전함을 해치면 말이 아니다.

口是傷人斧 言是割舌刀. 閉口深藏舌하면 安身處處牢.

입은 바로 사람을 상하게 하는 도끼요 말은 바로 혀를 베는 칼이니, 입을 막고 혀를 깊이 감추면 몸을 편안하게 하는 것이 가는 곳마다 확고할 것이다.

-『명심보감』「언어편」-

몸이 편안하려면 말을 조심해야 한다. 인도의 구루인 가우르 고팔 다스는 영어단어 중 검을 'sword'라고 부르고, 단어를 'word'라고 부르는 이유가 있다고 말했다. 검과 단어는 한 끗 차이다. 내가 말하는 말이 검이 되어 상대를 공격할 수 있기에 늘 말을 유의해야 한다.

물론 부처님은 말보다 마음을 더 중요하게 여기셨다. 염화시중이라는 고사성어가 있다. 꽃을 집어 무리에게 보여준다는 뜻이다. 부처님이 자신이 얻은 깨달음을 표현하고자 제자들의 앞에서 꽃을 들어 올렸을 때 유일하게 미소 지은 마하가섭이라는 제자의 일화가 있다. 이는 이심전심을 의미한다. 말하지는 않았지만 상대의 마음을 읽을 수 있는 수준에 도달한 관계라면 말이 필요 없는 관계다.

태어나지 얼마 되지 않은 아기의 울음소리를 듣고 무엇이 필요한지 부모는 안다. 그 관계는 사랑으로 이어져 있고, 마음이 통하는 관계다. 많은 관계가 이렇게 통하면 좋겠지만 그럴 수 없기에 말을 활용한다. 그렇다면 어떻게 말해야 하는가.

말의 첫 번째 원칙, 가려서 말하라

첫째, 말은 해야 할 때가 있고 하지 말아야 할 때가 있다. 말하는 때와 장소, 그리고 사람을 잘 가려야 한다. 때가 되었는데 말하지 않으면 문제지만, 때가 아닌데도 말하는 것 또한 문제다.

> 言未及之而言, 謂之躁. 言及之而不言, 謂之隱. 未見顔色而言, 謂之瞽.
> 말할 때가 되지 않았는데 말하는 것을 조급하다고 한다. 말해야 될 때 하지 않는 것을 숨긴다고 한다. 얼굴빛을 살피지 않고 말하는 것을 눈뜬장님이라고 한다.
>
> -『논어』「계씨 6장」-

선임이 말해야 할 일을 어떤 이유로든 나서서 말했을 때 선임의 눈은 사나워진다. 내가 인정을 받으려고 했든, 선임이 답답했든 간에 상관없이 그 타이밍은 내가 말할 때가 아니었기에 말하면 안 됐다. 이를 조급하다고 말한다. 내 차례까지 다가올 참을성이 없어 무례하게 순서를 지키지 않아 화를 입는다.

반대로 내 차례가 와서 말해야 하지만 부끄럽거나, 지식이 없거나 하여 말을 하지 못했다면 이는 숨기는 것이다. 내 부족한 실력을 숨기고, 내 마음을 숨겼다.

마지막으로 상대가 화났는데 거기에 대고 잘잘못을 따지는 사람을 눈뜬장님이라고 말한다. 눈은 뜨여 있지만 그 눈이 장님과 마찬가지 역할을 한다면 이는 아무 소용이 없다.

조급한 사람은 말을 하지 않아야 할 때 말을 해서 분위기를 냉각시킨다. 늘 무언가를 숨기는 사람은 말해야 할 때 말하지 않는다. 다른 사람의 상황도 고려하지 않고 말하는 사람을 장님이라 말한다. 맹자도 같은 이야기를 했다.

士未可以言而言, 是以言餂之也. 可以言而不言, 是以不言餂之也.
是皆穿踰之類也.
선비가 말하여서는 안 되는데 말하면 이는 말로써 취하는 것이고, 말하여야 하는데 말하지 않으면 이는 말하지 않음으로써 취하는 것이니, 이것이 다 구멍을 뚫고 담을 넘는 부류이다.

-『맹자』「진심 하 31장」-

말을 가려서 하지 않는 사람은 담을 넘는 도둑과 같다. 수시로 담을 넘어다니는 도둑들은 선이 없기에 타인의 선을 넘나든다. 선을 넘나드는 것은 예의가 없는 일이다. 늘 선을 지켜야 한다.

말이 통하는 사람에게만 말하라

말할 때는 어떤 사람에게 말하는 지도 중요하다. 옛날 중국의 춘추、전국시대 때는 말로 흥하고 말로 망하는 경우가 많았다. 많은 학파들이 만들어지고 사라졌다. 많은 사상가들이 왕에게 자신의 의견을 말하고 그로 인해 다양한 나라와 사람들이 영향을 받았다. 그중에서 한비자는 법가의 사상가로 법을 굉장히 중요한 사람이었다. 문제는 법을 지키는 나라를 만들기 위해 왕을 설득해야 했고, 어떻게 해야 제대로 말하고 상대를 설득할 수 있을지에 대해 굉장히 고민을 많이 했다. 아이러니하게도 한비자는 자신의 의견을 드러내다가 같은 스승 밑에서 공부한 동료의 시기로 인해 죽고 말았지만, 그 가르침은 중요하게 여길만하다.

且至言忤於耳而倒於心, 非賢聖莫能聽.

진리는 귀에 거슬리고, 들어서 기분이 개운치 않기에 군자가 아니면 그것을 말하지 않는다.

-『한비자』「난언 2장」-

직언은 뼈아프고, 충고는 거슬린다. 직언을 하다 형장의 이슬로 사라진 수많은 신하들이 역사를 통해 증명된다. 직언을 한 신하들은 올바른 일을 했음에도 사형을 당했다. 왜 그러한가. 말을 잘못했기 때문이다. 정확히 말하면 말해도 되는 사람인지, 아닌지를 제대로 구분하지 못했다.

훌륭한 사람은 충고를 들으면 즉각 고친다. 허물이 있으면 고치기를 꺼리지 말아야 한다는 말처럼 내가 가진 단점이나 허물, 잘못을 즉각적으로 고쳐야 한다. 즉각적으로 고치는 사람은 타인의 말을 수용하고 귀 기울인다.

子曰 木從繩則直 人受諫則聖

공자께서 말씀하셨다. '나무가 먹줄을 따르면 곧아지고, 사람이 충고를 받아들이면 거룩하게 된다.'

-『명심보감』「성심편 하」-

문제는 남의 말을 듣지 않고 고집 센 사람이다. 이런 사람이 윗자리에 있으면 힘든데, 더군다나 왕이라면 더욱 조심해야 한다. 진리는 늘 귀에 거슬린다. 사냥을 나가고 싶은데 신하가 백성은 굶고 있는데 어디를 가느냐고 타박한다. 한 번은 들어줄 만한데 두 번은 거슬린다. 사낭을 나가도 찜찜하고 불편하다. 훌륭한 왕이라면 조언을 듣겠지만 그렇지 않다면 왕은 누가 그 말을 했는지 기억할 것이다.

설득이 어려운 이유는 설득하려는 상대의 마음이 어떤지를 먼저 알고 그에 맞게 말해야 하기 때문이다. 상대가 알려주지도 않은 마음을 알아내야 하고, 그에 맞춰 내 말을 바꿔야 한다. 상대의 마음을 알아내는 것보다 설득하고자 하는 말을 어떻게 바꿔서 말해야 하는지가 더 어렵다.

설득을 하려면 먼저 상대가 들을만한 사람인지를 살펴야 한다. 한 번 시도해 보고 통하지 않으면 물러나야 한다. 신하는 왕에게 간언할 수 있지만 왕의 자리에 있지 않다는 점을 명심해야 한다. 결정권자가 자신이 아니기에 조언자의 역할을 해야 하지 결정권을 손에 쥐려고 하면 안 된다.

> 不在其位, 不謀其政.
>
> 그 지위에 있지 않으면 정책을 도모하지 않는다.
>
> -『논어』「헌문 27장」-

내가 할 수 있는 일은 조언이다. 조언자의 분수를 지키지 않으면 늘 위태롭다. 시도해 보고 안 되면 바로 물러나 삼가야 한다. 조언을 들을 수 있는 사람은 누구일까. 바로 조언을 구하는 사람이다. 질문을 던져야 답을 얻는다. 이것이 순서이고 단계이다.

> 不憤不啓, 不悱不發. 擧一隅, 不以三隅反, 則不復也.
>
> 스스로 분발하지 않으면 깨우쳐 주지 않고, 표현하기 위해 애쓰지

않으면 일깨워 주지 않으며, 한 모퉁이를 들었을 때 나머지 세 모퉁이를 알지 못하면 반복하지 않는다.

-『논어』「술이 8장」-

조언은 구하는 사람에게 해줘야 한다. 묻는 사람에게 대답해야 하고, 애쓰는 사람을 도와줘야 한다. 왕이 물었을 때 대답하고, 왕이 올바른 길을 선택했으나 헤매고 있을 때 직언해야 한다. 누군가 묻기 전에는 답을 하지 않는다. 조언을 해도 모두를 말하지 않고 한 모퉁이정도 들어주어야 한다. 마음이 있다면 애쓰며 분발하겠지만, 마음이 없으면 애쓰지 않는다. 질문에도 마음이 있었다면 따라가겠지만, 마음이 없다면 그냥 한번 던진 말로 끝날 수 있다. 그런 가벼운 질문에 모든 것을 말하는 것은 맞지 않다. 왜 그러한가. 치욕을 당하지 않기 위함이다.

子游曰, 事君數, 斯辱矣, 朋友數, 斯疏矣.
자유가 말했다. '임금을 섬길 때 간언을 자주 하면 치욕을 당하고, 친구에게 충고를 자주 하면 소원해진다.'

-『논어』「이인 26장」-

바른길을 제시해야 함이 신하의 도리이나 그건 내가 살아 있고 나서야 가능한 일이다. 전한시대의 역사가 사마천은 궁형을 당했음에도 「사기」라는 중국 최고의 역사서를 집필했다. 사마천이 궁형을 당한 이유는 왕에게 직언을 했기 때문이었다.

이릉이라는 장군이 흉노와 전쟁을 하며 열심히 싸웠지만 어쩔 수 없이 항복하는 일이 발생했다. 조정에서는 패배의 희생양으로 삼기 위해 이릉을 패배의 원인이라고 몰고 갔다. 이런 와중에 사마천은 부하의 목숨을 살리기 위해 어쩔 수 없는 선택이었다며 홀로 변호했고, 이러한 점이 왕에게 거슬려 궁형이라는 형벌을 당했다.

충고란 남의 결함을 알려주는 일이다. 누구도 자신의 결함을 좋아하지 않는다. 부모님이 지적하는 것도 기분 나쁜데 친구는 더 그렇다. 충고를 할 수는 있다. 하지만 그 충고가 계속 반복되어 잔소리가 되면 안 된다. 내가 상대를 바꿀 수 없다는 사실을 늘 유념해야 한다. 변화하지 않는 것 또한 상대의 선택이기에 존중해야 한다.

> 子貢問友. 子曰, 忠告而善道之, 不可則止, 毋自辱焉.
> 자공이 벗에 대해 여쭈자 공자께서 말씀하셨다. '충심으로 잘 일러주어 잘 인도하되 불가능하다면 그만둘 일이지, 스스로 욕을 보지는 말아라.'
>
> -『논어』「안연 23장」-

인간관계에서 중요한 포인트가 있다. 절대로 다른 사람을 바꾸려 들지 말라는 점이다. 이는 함께 망하는 일이다. 물론 상대에게 조언을 할 수 있지만 조언을 했을 때 듣지 않는다면 즉시 포기해야 한다. 말을 잃을 수 있다. 들으려고 하지 않는 사람에게 말해서 상처 입을 필요가 있을까. 사람들의 문제점은 모두가 남들의 스승이 되려고 하기 때문에 일어난다. 이러한 마음을 버려야 한다.

늘 진실한 마음으로 말하라

우리의 마음은 늘 진실해야 한다. 칭찬이나 인정을 받고 좋은 사람처럼 보이기 위한 조언은 진실이 아니라 거짓이다. 실질적이지 않은 조언도 조언이 아니다. 균형을 잃지 않고 정성스럽게 고하는 마음이 바로 충고다.

균형을 유지하기 위해서는 치우치지 않아야 한다. 치우치지 않기 위해 내 기준이 정확하게 잡혀 있는지 확인해야 한다. 팽이가 돌아갈 수 있는 이유는 균형 잡힌 기준점이 있기 때문이다. 기준이 없고 치우치면 언제든지 쓰러지는 게 팽이다.

늘 때와 장소, 사람을 구분하여 말하는 지혜가 필요하다. 그런 지혜를 바탕으로 나아가고 물러남을 결정한다.

> 甯武子, 邦有道則知, 邦無道則愚. 其知可及也, 其愚不可及也.
> 영무자는 나라에 도가 행해질 때는 지혜롭게 행동했고, 나라에 도가 행해지지 않을 때는 어리석은 듯이 행동했다. 그 지혜는 누구나 따를 수 있으나 그 어리석음은 아무나 따를 수가 없다.
>
> -『논어』「공야장 21장」-

나라에 도가 있다면, 임금이 조언을 듣고 정치를 행하고, 리더가 조직원의 말을 수용하여 적용하고, 친구가 내 조언에 귀 기울여 자신의 잘못을 고친다면 지혜롭게 내 뜻을 펼치며 말한다. 나라에 도가 없다면, 임금은 자신의 이익만 챙기고, 리더는 고집만 부리며, 친구는 내 말을 무시한다면 어리석은 듯 행동하며 물러나야 한다. 그래야 치욕을 당하지 않는다. 그런 지혜를 갖고 말을 할 때 비로소 '말'이라고 할 수 있다.

해야 할 말과 하면 안 되는 말

절대 부정적인 말을 하지 말자. 누군가 하는 말을 듣고 그 말을 옮기지도 말자. 길가에서 들은 이야기는 길가에서 흘려보내고, 무심코 들은 이야기도 무심코 흘려보내야 한다. 그 말을 저장한 순간 재앙이 된다. 내가 경험한 일도 다 진실일지 모르는데 어떻게 타인의 말을 진위도 모르고 믿고 타인에게 말할 수 있겠는가.

> 道聽而塗說, 德之棄也.
> 길에서 들은 이야기를 길에서 한다면 덕을 버리는 일이다.
>
> -『논어』「양화 14장」-

내게 와서 시빗거리를 말하는 사람 자체가 시비 거는 사람이다. 타인의 말을 전하는 사람이 바로 그 사람이다. 타인의 말을 들으면 이를 전하지 않는 것이 옳다. 내 일도 신경 쓰기 바쁜데 어떻게 남의 일까지 신경 쓰겠는가.

말을 옮기는 것 자체가 덕을 버리는 것이다. 덕이 없으면 사람과 함께하기 어렵다. 함께하기 어려우면 삶을 살아가기 어렵다. 우리의 말에서 덕이 생겨나기도 하고 없어지기도 한다.

馬援曰, 聞人之過失 如聞父母之名 耳可得聞 口不可言也.

마원이 말했다. "남의 과실을 듣거든 부모의 이름을 듣는 것과 같이하여 귀로 들을지언정 입으로는 말하지 말 것이니라."

-『명심보감』「정기편」-

들어도 들리지 않은 척하는 지혜가 필요하다. 말을 전하는 순간 같은 사람이 된다. 나를 위하는 척 말을 전하는 사람도 마찬가지로 나를 공격하는 마음을 갖고 있다. 내게 그 말을 한 사람과 그 말을 전한 사람 둘 다 피해야 하는 사람들이다.

귀가 2개인 이유도 제대로 된 말을 듣는 귀와 헛소리를 흘려보낼 귀를 구분하라는 이유이지 않을까.

두 번째 원칙, 언행일치

말의 원칙 두 번째, 행동이 말을 따라가게 노력해라. 말이 행동을 따르지 못할까 걱정해야 한다. 말만 앞서는 사람이 많다. 말과 행동이 함께 가야 하는데 말만 저만치 앞서 보이지 않는 경우가 있다. 이를 실속이 없다고 말한다. 늘 말은 신중해야 한다.

古者 言之不出, 恥躬之不逮也.

옛사람이 말을 아낀 것은 행동이 따르지 못할 것을 부끄러워했기 때문이다.

-『논어』「이인 22장」-

사람들은 보통 헤어질 때 한 마디 정도 쉽게 한다. '우리 밥 한 끼 하자.' 가벼운 말이지만 이 말이 지켜지기는 쉽지 않다. 이런 말조차 쉽게 해서는 안 된다. 행동이 따라가지 못하면 거짓말이 된다. 이는 스스로를 속이는 행동이다.

> 스스로 속이지 말라. 하느님은 업신여김을 받지 아니하시나니 사람이 무엇으로 심든지 그대로 거두리라.
>
> -「갈라디아서 6장 7절」-

사람은 뿌린 대로 거둔다는 말이다. 콩 심은 곳에 콩 나고, 팥 심은 곳에 팥 난다. 내가 한 말은 상대방에게 심어지고, 그 말의 씨앗이 좋은 쪽이든, 나쁜 쪽이든 개화해 결과물로 나타난다. 스스로를 속이는 일도 마찬가지다. 나는 말을 했지만 그 말이 지켜지지 않으면 스스로를 업신여김이다. 업신여긴다는 말은 교만한 마음으로 상대를 하찮게 여기는 행동이다. 스스로를 속이는 것은 교만한 마음에서 생겨나고, 그러한 마음이 상대를, 세상을, 스스로를 낮추어 보기에 절대 하지 말아야 한다.

스스로를 하찮게 여기면 자신감이나 자존감이 생길 수 없고, 늘 패배의식이나 열등감으로 살게 된다. 이러한 열등감을 없애기 위해 우리는 말을 지키려고 노력하고 행동이 말을 따라가지 못할까 걱정하며 살아가야 한다.

> 君子欲訥於言 而敏於行.
>
> 군자는 말은 모자라는 듯이 하고, 행동은 민첩하게 해야 한다.
>
> -『논어』「이인 24장」-

말은 모자라고 어눌하게 해야 한다. 눌(訥)이라는 글자는 말을 더듬거린다는 뜻이다. 언(言)이라는 말이 내부(內部)에 있다. 안쪽에 있는 말이란 속 깊이 있는 말, 진심이고 진실이며 실속이다. 말은 내실 있게 해야 한다. 내실 있는 말을 따라가기 위해 행동을 민첩하게 해야 한다.

> 司馬牛問仁. 子曰, 仁者其言也訒. 曰, 其言也訒, 斯謂之仁已乎. 子曰, 爲之難, 言之得無訒乎.
> 사마우가 인에 대하여 여쭈자, 공자께서 말씀하셨다. '인이란 말하는 것을 조심해야 한다.' '말하는 것을 조심하면 인하다고 할 수 있습니까?' 공자께서 말씀하셨다. '실천하는 것이 어려우니, 말을 조심스럽게 하지 않을 수 있을까?'
>
> -『논어』「안연 3장」-

늘 자신의 말에 부끄러움을 가져야 한다. 내 말이 지켜졌는지 살피고 그것이 실천되었는지 따져봐야 한다. 인(訒)이라는 글자는 말을 더듬는다는 뜻으로 과묵하여 함부로 말하지 않는다는 의미가 있다. 인(仁)이란 말을 함부로 말하지 않는 것이다. 말재주가 있다고 자신의 말만 믿고 함부로 말하다가 재앙을 당한 사람들이 역사적으로 수도 없이 많다. 말로 흥한 자 말로 망한다.

말재주가 삶의 방패가 되지는 못한다. 말로 한 번 넘어갈 수는 있지만 언젠간 화근이 된다. 말 한마디가 천 냥 빚을 갚을 수도 있지만 천 냥 빚을 지을 수도 있다. 공자에게 누가 염옹이라는 제자가 말재주가 없다고 말하자 공자가 답했다.

雍也仁而不佞. 子曰, 焉用佞. 禦人以口給, 屢憎於人. 不知其仁, 焉用佞?

누군가 옹은 어질지만 말재주가 없다고 말하자 공자께서 말씀하셨다. '말재주를 어디에 쓰겠는가? 말재주를 가지고 사람들을 대하면 사람들에게 점점 더 미움을 받게 된다.'

- 『논어』「공야장 5장」 -

말재주가 있다고 좋아하지 말고, 말재주가 없다고 슬퍼하지 말자. 말은 언행일치가 중요하지 재주가 중요하지는 않다. 수려한 언변으로 순간순간을 모면하다가 적을 많이 만드는 경우가 많다. 그러하기보다 더듬거리더라도 말을 이루며 하나씩 이루어 나가는 삶이 더 낫다.

子貢問君子. 子曰, 先行其言而後從之.

자공이 군자에 대해서 묻자 공자께서 말씀하셨다. '군자란 말보다 앞서 행동하고, 그다음에 그에 따라 말을 한다.'

- 『논어』「위정 13장」 -

관계를 잘 이어가려면 말이라는 윤활유가 필요하다. 그 윤활유의 질을 높이기 위해서는 말이 값어치 있어야 한다. 값어치 있는 말은 허황된 말이 아니라 실속 있고 진실한 말이다. 이를 위해 군자처럼, 리더처럼 먼저 행동하고 그다음 말을 해야 한다.

其言之不怍, 則爲之也難.

공자께서 말씀하셨다. '자신의 말에 대해 부끄러움을 가지지 않는

다면, 그것을 실천하기 어렵다.'

– 『논어』「헌문 21장」 –

내 말에 책임지는 사람은 늘 자신의 말의 무게를 알기에 신중하게 말한다. 신중한 사람은 그냥 하는 말이 없다. 늘 말에 책임지기에 자신의 말이 이루어지지 못할까 걱정하고 부끄러워한다. 말처럼 무거운 것이 없다.

人之易其言也, 無責耳矣.
사람이 말을 쉽게 하는 이유는 책임이 없기 때문이다.

– 『맹자』「이루 상 22장」 –

말에 책임질 때 내가 한 말에 힘이 생기고, 믿음이 생기고, 관계가 성립된다.

정직한 삶

삶에 진실해야 한다. 누구나 자신의 삶에 진실하다고 생각하지만 100% 진실하다고 말할 수는 없다. 언행일치의 삶이 이루어졌는가를 먼저 따져보자. 내가 스스로와 한 약속을 어떤 변명이나 합리화 없이 모두 지켜냈는가. 목표한 바를 이루어냈는가. 피치 못할 사정으로 못했다고 또 합리화하지는 않았는가. 남 탓, 세상 탓, 환경 탓을 하며 변화하지 않는 이유를 끊임없이 찾아내고 있지는 않은가.

人之生也直, 罔之生也幸而免.

공자께서 말씀하셨다. '사람의 삶은 정직해야 한다. 정직하지 않은 삶은 요행히 화나 면하는 것이다.'

-『논어』「옹야 17장」-

정직하지 않은 삶은 삶이라 말할 수 없다. 거짓말만 하는 사람, 스스로를 속이는 사람은 하늘의 벌을 피하더라도 스스로가 만든 재앙은 피할 수가 없다.

夫人必自侮然後人侮之 家必自毁而後人毁之 國必自伐而後人伐之.

사람은 반드시 그 자신을 스스로 업신여긴 뒤에 남들이 업신여기며, 한 가문은 반드시 그 가문을 스스로 무너뜨린 뒤에 남들이 무너뜨리며, 나라는 반드시 그 나라를 스스로 친 뒤에 남들이 정벌한다.

-『맹자』「이루 상 8장」-

以直報怨 以德報德

정직함으로 원한을 갚고 덕으로 덕을 갚아라

-『논어』「헌문 36장」-

원한이 깊어도 사도(邪道)가 아닌 정도(正道) 걸어가며 해결하려 애써야 한다. 은혜를 입으면 은혜로 갚아라. 원한을 겪으면 정직함으로 갚아라. 왜 그러해야 하는가. 복수의 길을 걷지 않기 위함이다. 오른쪽 뺨을 맞으면 왼쪽 뺨을 내어주는 이유도 마찬가지다. 내 잘못이 없는지부터 되돌아보고 나를 내려놓으며 허무한 복수의 길을 걷지 않기 위함이다.

하수의 길이 아닌 고수의 길을 걸어야 한다. 고수는 늘 인내하며 정도를 걸어갔다. 역사 속에서 승리한 이들은 인내하고 굴욕을 감내한 이들이었다. 굴욕을 승화시켜 동기로 활용해 보자. 승화된 굴욕은 스스로를 발전으로 이끈다. 몽골의 대제국을 이룬 징기스칸은 아내를 빼앗겼고, 포로가 되어 죽을 위기를 겪었고, 뺨에 화살도 맞았다. 이런 많은 굴욕들을 인내하고 나아갔을 때 비로소 몽골의 위대한 칸이 되었다.

> 哀公問曰, 何爲則民服. 孔子對曰, 擧直錯諸枉, 則民服, 擧枉錯諸直, 則民不服.
>
> 애공이 여쭈었다. '어떻게 하면 백성들이 따릅니까?'
>
> 공자께서 말씀하셨다. '정직한 사람을 등용하여 그릇된 사람의 위에 놓으면 백성들이 따르고, 그릇된 사람을 등용하여 정직한 사람의 위에 놓으면 백성들은 따르지 않습니다.'
>
> -『논어』「위정 19장」-

이 글에서는 두 가지를 배워야 한다. 첫째, 리더는 늘 정직해야 한다. 둘째, 곧은 사람을 굽은 사람 위에 올리면 자연스럽게 굽은 사람도 곧아진다. 아랫사람이 곧지 않으면 내가 곧지 않았는지를 살펴야 한다.

리더의 성향에 따라 조직이 변한다. 이는 어쩔 수가 없다. 왕이 좋아하는 것을 신하가 바치는 것은 모든 역사 속에서 증명된다. 그러하기에 왕은 늘 자신의 의향을 조심해야 한다.

君無見其所欲, 君見其所欲, 臣自將雕琢 君無見其意, 君見其意, 臣將自表異.

군주는 자기 욕망을 알려서는 안 된다. 그것을 알려주면 신하는 그것에 맞추어 겉치레에만 힘쓰게 된다. 또 군주는 자기 의사를 말해서는 안 된다. 신하는 그것에 따라 특별한 능력이 있다는 것만을 보이려 하기 때문이다.

– 『한비자』「주도」 –

리더가 어떻게 하는가에 따라 아랫사람의 행동이 정해진다. 윗자리에 곧은 사람을 올려야 하는 이유도 아랫사람들이 자신의 곧음을 따라오기 때문이다. 굽은 사람을 올리면 당연히 아랫사람들은 굽음을 따라온다. 윗사람의 행동 하나하나를 살피기 때문에 윗사람은 항상 이러한 의향표시를 조심해야 한다. 조용히 존재하지 않는 것처럼 해야 하며, 누군가가 나를 파악하지 않도록 조심해야 한다. 그래야 아무 탈 없이 조직을 잘 이끌어나간다. 이 또한 정직이다.

세 번째 원칙, 자랑하지 말고 인정하라

자랑은 내가 어떤 일을 훌륭하게 처리했다고 생각하여 그 일을 남에게 칭찬받기 위해 드러내어 하는 말이다. 자랑의 문제는 훌륭함이 절대적인 기준이 아니라 지극히 주관적인 기준이라는 점이다. 아기에게는 걸음마가 자랑이 될 수 있고, 고등학생에게는 입시가, 어떤 사람에게는 자동차가 자랑이 될 수 있다.

모호한 기준으로 인해 자랑은 타인의 공감을 받기 쉽지 않다. 물론 성공경험을 공유하고 응원받는 일은 괜찮겠지만 개인의 자랑은 주관성이 강하기에 타인의 이해가 먼저 수반되어야 한다. 문제는 그 이해가 어렵다는 점이다. '왜 내가 타인의 자랑을 들어주고 박수 쳐주어야 하는가.'에 대한 의문이 들기 시작하면 인정보다는 질투가 날 수 있다. 모두가 그렇지는 않겠지만 사촌이 땅을 사도 배가 아픈데 친구나 동료가 그러면 배가 좀 많이 아플 수 있다.

그래서 우리는 자랑보다는 인정을 해야 한다. 타인의 자랑을 인정해줄 수 있는 용기와 내 자랑을 겸손하게 낮출 수 있는 여유가 필요하다.

> 孟之反不伐, 奔而殿, 將入門, 策其馬曰, '非敢後也, 馬不進也.'
> 맹지반은 자랑하지 않는 사람이다. 전투에 패하여 달아날 때는 군대의 후미에서 적을 막았고, 성문에 들어올 즈음에는 그의 말에 채찍질하면서 말하기를, '감히 뒤에 처지려한 것이 아니라, 말이 나아가지를 않았소.'라고 하였다.
>
> -『논어』「옹야 13장」-

소방관들이 자주 쓰는 말이기도 하지만 소대장이었을 때 지휘관들에게 많이 들었던 말이 있다. 바로 'First in Last out'이다. 현장에 갔을 때 가장 먼저 들어가고, 가장 나중에 빠져나온다. 영화「위 워 솔져스」라는 영화에서도 비슷한 장면이 나온다. 힘든 전투에 들어서기 전 주인공인 무어 중령은 자신들의 부하에게 약속을 했다. '전투에 투입되면 내가 가장 먼저 적진을 밟을 것이고 가장 마지막에 적진에서 나올 것이다. 단 한 명도 내 뒤에 남겨두지 않겠다. 우리는 살아서든 죽어서

든 다 같이 고국에 돌아온다.'

> 철학적 깨달음에 이르고자 하는 사람이라면 그 누구도 탓하지 않고, 칭찬하지 않으며, 잘못을 따지지 않고, 비난하지 않는다. 마치 뭔가 속에 든 것이 있는 사람인 척하는 허세의 말 또한 절대 하지 않는다.
>
> - 에픽테토스 -

자랑하고 싶은 마음을 참는다는 건 어려운 일이다. 사람은 누구나 인정욕구가 있다. 타인이 나를 인정해 주길 원하고, 더군다나 가까운 사람이 나를 인정해 주면 더 기뻐한다. 인정을 받기 위한 자랑을 참기 위해선 얼마나 입이 근질근질한지 모른다. 하지만 그런 자랑보다는 마지막에 나와도 마치 그렇게 할 수밖에 없었던 것처럼 말했을 때 진정으로 감화된다.

철학자인 것처럼 허세 부리며 말하지 말자. 아무런 의미가 없다. 많이 아는 척도 하지 말자. 행동으로 실천하지 않는 이상 모든 말은 헛말이 된다. 행동하지 않는 이상 모든 말이 허언이다.

> 樊遲問仁. 曰, 仁者先難而後獲, 可謂仁矣.
>
> 번지가 인(仁)에 대해서 여쭈자, 공자께서 말씀하셨다. '인한 사람은 어려운 일에는 먼저 나서서 하고 이익을 챙기는 데는 남보다 뒤지는데, 이렇게 한다면 인하다고 할 수 있다.'
>
> - 『논어』「옹야 20장」 -

번지가 저번에도 인에 대해 물었을 때 공자는 사람을 사랑하는 것이라 대답했다. 이번에는 번지는 그때의 대답이 어려웠는지 다시 한번 공자께 여쭈었다. 그에 대한 공자의 답은 솔선하여 행하되, 이익은 나중에 얻으라는 조언을 했다. 어떤 이를 해도 나서서 하더라도 자랑하지 말자.

스스로 자랑하기보다는 상대에게 칭찬과 인정을 해줘야 한다. 내가 한 자랑은 타인의 질투를 부를 수 있기에 조심해야 하지만, 상대방의 자랑에는 인정과 칭찬을 아낌없이 줘야 한다. 질투가 날 수도 있지만 꾹 참고 인정해 주면 호의는 저절로 따라온다.

미국에서 철강왕이라고 불린 앤드류 카네기는 자신의 부하였던 찰스 슈와브에게 백만 달러의 연봉을 주었다. 슈와브의 사람을 다루는 능력이 그만큼 훌륭했기 때문이다. 그 비결이 바로 칭찬과 인정이었다.

> 내가 가진 최고의 능력은 부하 직원들에게 열의를 불러일으키는 능력이다. 그것은 인정과 격려이다. 나는 누구도 비판하지 않는다. 그저 일하고 싶은 동기를 부여한다. 진심으로 칭찬하며 칭찬을 아끼지 않는다.
>
> -『데일 카네기의 인간관계론』-

타인의 인정은 자신의 내면에 각인된다. 나를 인정해 주었기에 따라가고 믿는다. 고래도 춤추게 하는 인정을 잘 베풀어 보자.

> 다른 사람들에 대해 아첨이 아니라 정직하고 진심에서 우러나오는 인정을 하기로 결심하자. 솔직하게 진심으로 인정하면 칭찬이

나오게 되어 있다. 그렇게 하면 다른 사람들은 당신의 말을 소중하게 받아들이고, 어쩌면 평생 동안 그 말을 보물처럼 아끼고 되새길 것이다.

-『데일 카네기의 인간관계론』-

일을 해서 결과를 만들었을 때 격려를 받으면 편안해지고 다른 일을 더 찾지만, 지적을 받으면 기분부터 나빠진다. 다른 사람에게 공짜로 줄 수 있는 보물은 인정밖에 없다. 물론 더 나아지게 만들려고 지적을 할 수는 있지만 칭찬을 먼저 한 다음 지적해야 한다. 지적한 다음은 반드시 칭찬으로 회복시켜 줘야 한다. 피가 난 채로 돌려보내지 말자.

이름을 기억하라

인정의 가장 쉬운 방법은 이름을 기억하는 일이다. 김춘수 시인의 시 중 가장 유명한 시는 「꽃」이다. 내가 이름을 부르기 전에는 하나의 몸짓에 지나지 않았지만, 내가 그의 이름을 불렀을 때 그는 내게 와서 꽃이 되었다. 이름을 부르기 전에는 무의미하고 그저 스쳐 지나갔던 것들이 이름을 불렀을 때 아름다운 꽃이 된다.

사람도 마찬가지다. 이름을 기억하면 좋은 인상을 준다. 심리학 용어 중 칵테일 파티 효과라는 말이 있다. 칵테일 파티를 가면 시끄러운 음악소리와 다른 사람들의 말소리로 인해 내 말이나 상대의 말이 잘 들리지 않을 때가 있다. 그 와중에 누군가 자기 이름을 부르면 그 이름이 뚜렷하게 들리는 현상을 말한다.

미국의 장관이었던 짐 팔리에게 성공비결을 물었을 때 한 대답이다. '저는 5만 명의 이름을 기억합니다.' 5만 명의 이름을 기억하면 장관이 될 수 있다. 물론 반드시 그렇게 될 수 있다는 점은 아니지만 그렇게 기억한 5만 명의 인연이 그를 장관으로 만들었다고 생각한다. 카네기는 사업을 할 때 이름을 많이 활용했다. 철도 사업을 얻기 위해 철강 공장의 이름을 철도회사 사장의 이름으로 지었고, 그 덕분에 그 사업을 자신의 것으로 만들었다.

이름은 특별하다. 이 세상에 타인과 나를 구분해주는 단어이기 때문이다. 그 이름을 기억했을 때 우리는 깊은 인상을 갖는다. 이름 때문에 군대에서 민망했던 경험이 있었다. 내가 속했던 조직에 병사가 두 명 있었다. 새롭게 전입해 온 지 얼마 되지 않아 다른 사람들의 이름을 모르고 있을 때였다. 그 병사는 내게 살갑게 다가와서 나도 같이 식사도 하고 일했었다. 문제는 그 병사의 이름을 잘 기억하지 못해 자주 '야' 라고 불렀다. 하루는 제일 힘든 점이 무엇이냐고 물었더니 조심스럽게 '야' 말고 이름을 불러달라고 말했다. 그날 이후 내가 속한 조직에 있는 사람들의 이름을 제대로 외워 잊지 말아야겠다는 다짐을 했다.

인정하기 위한 가장 쉬운 방법은 이름을 기억하는 일이다. 사소한 것 같지만 중요한 일이다. 마찬가지로 상대방과 했던 이야기를 되물어보지 말자. 다시 물어본다는 말은 상대의 말을 경청하지 않고 흘려들었다는 말이다. '애기가 몇 살이에요?'를 물어보면 잘 기억하고 있다가 다시 묻지 말자. 무관심의 정도가 드러나는 일이다.

모든 사람은 자신을 좋아해 주는 사람을 좋아한다. 타인에게 관심을 주고 공감하고 장점을 찾아주고 자존감을 세워주는 사람을 좋아한다.

자랑하지 않고 잘 인정해 줄 때 좋은 관계가 유지된다.

침묵을 개의치 말자

함께 있을 때 아무 말도 하지 않으면 어색한 경우가 많다. 어색한 분위기를 없애보고자 쓸데없는 말을 꺼내기도 한다. 그럴 땐 아무 말도 하지 않아도 괜찮다. 그러한 침묵을 견뎌내는 연습도 필요하다. 그런 침묵에 연연하지 말자. 헛소리가 시작되면 실수 또한 쉽게 나오기 마련이다.

말없이 잠잠히 있는 상태를 편안히 여길 수 있어야 한다. 침묵의 힘이 오히려 말을 많이 하는 사람보다 신뢰가 간다. 말 많은 사람보다 말 적은 사람을 훨씬 좋아한다. 사람들은 말하기 좋아하기에 말을 들어주는 사람을 찾아다닌다. 혼자만의 침묵은 여럿이서의 경청으로 변한다.

> 사적인 일은 비밀로 하고, 친한 지인이라 해도 자기 눈으로 직접 본 사실 이외에는 완전히 모르는 채로 남겨두어라. 아무 관련이 없는 일이라도 남에 관한 지식이 시간과 상황에 따라 인간에게 불이익을 줄 수 있기 때문이다. 일반적으로 말보다는 침묵하는 편이 자신의 지성을 드러내기에 좋다. 침묵은 신중함의 문제이고 말은 허영심의 문제다.
>
> \- 쇼펜하우어 -

말은 핵심만 말해야 한다. 적게 말하고, 적은 말도 가려서 핵심만 말한다. 침묵하면 더 좋다. 생각하고 말해야 한다. 생각이 들어가지 않은 말은 모두 헛소리가 될 확률이 높다. 말을 하지 않는 것이 더 좋다. 빈 그릇에만 담을 수 있기에 늘 상대방의 말을 담을 준비부터 해야 한다.

믿음이 없으면 바로 서지 못한다

——— 앞에서 사람 인(人)의 글자가 서로 기대어 있는 모습이라고 설명했다. 두 기둥이 잘 붙어 있게 만들기 위해서는 무엇이 필요할까. 바로 믿음이다. 공자의 제자가 공자에게 정치에 대해 물었을 때 공자가 한 대답이다.

> 足食足兵, 民信之矣. 子貢曰 必不得已而去, 於斯三者何先? 曰 去兵. 子貢曰 必不得已而去 於斯二者何先? 曰 去食. 自古皆有死 民無信不立.
>
> 식량을 풍족하게 하고, 군비를 충족하게 하며 백성이 믿게 하여야 한다. 자공이 물었다. "부득이 한 가지를 버려야 한다면 무엇을 먼저 버립니까?" 공자께서 "군비를 버려야 한다." 자공이 말하기를,

"부득이 버려야 할 경우 나머지 둘 중에서 무엇을 먼저 버립니까?" 물었다. 공자께서 말씀하시길, "식량을 버려라. 자고로 사람은 모두 죽기 마련이다. 백성들의 신뢰가 없으면 존립할 수 없다."

-『논어』「안연 7장」-

믿음이 없으면 제대로 설 수 없다. 인간은 누구나 신뢰라는 네트워크를 쌓아간다. 신뢰가 있는 관계는 상대를 믿기에 복잡한 과정 없이 말만 해도 따른다. 누군가를 믿는다는 것은 그 대상이 기대를 저버리지 않으리라 여기는 일이다. 기대를 저버리지 않는다는 것은 늘 기대를 충족시켰다는 말이다. 타인을 믿는다는 건 그 사람의 행동이나 말에 아무런 의심을 갖지 않는 일이다. 내가 믿는 사람이 팥으로 메주를 쑨다고 해도 그럴 수 있다고 믿는다. 그 사람은 절대 거짓말을 하지 않고 지금까지 해온 약속을 늘 지켰기 때문이다.

믿음이라는 뜻을 가진 신(信)은 사람(人)과 말(言)로 이루어져 있다. 앞서 길게 말에 대해 설명한 이유도 말이 곧 사람의 신뢰를 만들기 때문이다. 사람이 한 말이 곧 증거가 될 정도로 확실하다면 그것이 바로 믿음이 된다. 믿음으로 의뢰하여 결과물을 얻기에 신뢰라고 말한다. 믿음직스러운 사람은 절대 약속을 어기지 않는다. 어떠한 사소한 일도 꼭 지키려고 노력한다. 약속을 지키지 않는 사람은 믿음직스럽지 않다.

子路問政. 子曰, 先之勞之. 請益. 曰, 無倦.

자로가 정치에 대하여 여쭙자, 공자께서 말씀하셨다. "먼저 앞장서서 솔선수범하고 몸소 열심히 일하거라." 좀 더 설명해주기를 청하자 말씀하셨다. "게을리 함이 없어야 한다."

삶을 게을리 살지 말아야 한다. 성실하게 살아가는 사람은 신뢰받기 마련이다. 말을 이루는 사람을 무엇이라고 부를까. 그 사람을 정성스러운 사람이라고 부른다. 정성(誠)이라는 글자는 말(言)을 이루어 내다(成)는 뜻이다. 자기가 뱉은 말을 이루어 내는 사람이 정성스러운 사람이다. 그러한 정성으로 닿는 것을 지성(至誠)이라 말하고, 그 지성이 지속될 때 하늘조차 감동시켜 지성(至誠)이면 감천(感天)이라 말했다.

타인에게 정성을 다했을 때 감동하지 않은 사람이 없다. 내게 정성을 다한 사람을 좋아하지 않은 사람이 누가 있을까. 하지만 불성실(不誠實)로는 누구도 감동시킬 수 없다.

약속의 힘

옛날에 증삼이라는 공자의 제자가 있었다. 하루는 증삼의 부인이 시장에 가려고 하는데 아이가 계속 울며 따라가겠다고 고집을 피웠다. 어쩔 수 없이 부인이 시장에 갔다 오면 돼지를 먹을 수 있게 해준다고 약속하며 시장에 갔다. 일을 마치고 집에 돌아온 부인은 돼지를 잡는 증삼의 모습을 봤다. 부인이 급하게 달려가 '아이를 달래려고 농담으로 한 말인데 어찌 그러합니까. 집에 몇 마리 없는 돼지를 잡으면 어떻게 하나요.'라고 말했다. 그러자 증삼은 '아이는 어리기에 지식이 없어 부모에게 기대어 배우고 가르침을 듣습니다. 아이를 속인다는 건 거짓말을 가르치는 일입니다. 부모가 아이를 속이면 아이는 부모를 믿지 않게 됩니다.'라고 답했다.

믿음은 약속이 이루어져야 가능하다. 타인과의 믿음도 중요하지만 시작은 자기 자신과의 믿음이다. 자기 자신과의 약속을 잘 지키고 난 다음에 비로소 타인과의 믿음이 형성된다. 자기 자신을 믿을 때 이를 자신감이라 말한다. 자신감 있는 사람은 자기와의 약속을 철저하게 지킨다. 오늘 해야 할 일이 있으면 반드시 해낸다. 어떠한 변명도 하지 않는다.

미국에서 경영계의 전설로 불리는 해럴드 재닌이 쓴 『매니징』에서는 경영자의 태도에 대해 말했다. 제대로 된 경영자는 성과로 나타난다. 그 성과를 이루기 위해 목표를 달성한다. 목표를 달성하기 위해 무슨 방법을 써서라도 반드시 이루어 낸다. 어떠한 변명도 없이 그 일을 해낸다. 성과만이 오로지 현실이고, 성과만이 우리를 성장으로 이끈다.

성과를 내는 사람은 절대적인 자신감을 갖는다. 자기가 세운 목표를 달성하기 위해 절대 합리화하지 않고 묵묵히 해낸다. 회의를 하다가 형광등이 깜빡거리는 걸 보고 어떤 임원이 형광등도 지쳤다고 말하자 해럴드 재닌은 '시원찮은 형광등만 그렇겠지요.'라고 답했다. 삶에 자신감이 있는 사람은 절대 변명하지 않는다. 자신감은 겉으로 드러나 보이며 그로 인해 상대가 믿음직스러워 보이는 효과를 불러온다.

신뢰를 쌓는 방법

인간관계는 신뢰를 쌓는 것부터 시작이다. 영업을 시작할 때 가장 중요한 점은 무엇일까. 일을 잘하는 것도 중요하지만 고객과 잘 소통

해 신뢰를 쌓는 것이 더 중요하다. 일을 잘하면 좋지만 거짓말로 대하거나 모면하기 위한 말만 한다면 신뢰는 쌓이지 않는다. 어떻게 해야 믿음이 쌓이는가.

첫 번째, 아주 사소한 일부터 지켜야 한다. 작은 믿음이 모여 큰 믿음이 된다. 믿음은 한 번에 크게 쌓이지 않는다. 천 리를 가려면 한 걸음부터 가야 하듯 믿음의 형성도 마찬가지다. 아주 사소한 일부터 꾸준히 지켰을 때 비로소 완성된다.

중국 초나라에 어떤 여왕이 술에 취해 북을 잘못 친 적이 있었다. 백성들은 그 북소리를 듣고 열심히 달려왔지만 속은 걸 알고 돌아갔다. 다음에 경계할 일이 있어 북을 쳤지만 백성들은 나서지 않았다. 믿음은 그 믿음을 저버린 순간 금가기 시작하며, 한 번 금가기 시작한 그릇이 깨지면 다시 되돌릴 수 없다.

> 人而無信, 不知其可也. 大車無輗, 小車無軏, 其何以行之哉.
>
> 사람에게 신의가 없으면 그 쓸모를 알 수가 없다. 큰 수레에 소의 멍에를 맬 데가 없고 작은 수레에 말의 멍에를 걸 데가 없으면 어떻게 그것을 끌고 갈 수 있겠느냐?
>
> – 『논어』 「위정 22장」 –

사람에게 믿음이 없으면 무엇에 쓸 것인가. 아무도 그 사람의 말을 믿지 않기에 어떠한 관계도 이어지지 않는다.

이목지신(移木之信)이라는 고사성어가 있다. 전국시대 진나라의 재상이었던 상앙은 백성들이 법을 지키게 만들고 싶었다. 법을 만들어 백서들에게 알리기 전에 한 가지 방법을 사용했다. 성문 근처에 커다란

나무 기둥을 두고 이를 다른 성문으로 옮기는 사람에게 상금을 주기로 했다. 처음에는 아무도 믿지 않았지만 상금이 높아졌을 때 어떤 사람이 속는 셈 치고 나무기둥을 다른 성문으로 옮겼다. 나무 기둥이 다른 곳으로 옮겨졌을 때 상앙은 나무를 옮긴 사람에게 큰 상금을 주었다. 그 이후 상앙은 법을 선포했고 백성들은 그 법을 지켰다. 약속이 지켜진다는 사실을 알았기에 나라의 법을 믿고 지켜나갔다.

사소한 약속들이 지켜지는 것을 깨닫는다면 큰 약속도 지켜진다는 사실을 알게 된다. 무심코 하는 식사 약속도 끝까지 지켜내는 신뢰 있는 사람이 되도록 노력해야 한다.

두 번째, 먼저 믿음을 주어야 한다. 내가 먼저 상대를 믿어야 한다. 심리학 용어 중에 피그말리온 효과가 있다. 내 믿음이 긍정적인 결과를 이끌어 낸다는 이론이다. 키프로스의 조각가이던 피그말리온은 자신이 조각한 조각상을 사랑해 진짜 살아 있는 사람처럼 이름도 붙이고 옷도 입혔다. 제물을 바쳐 아프로디테에게 사람으로 변하게 해달라는 소원을 빌었고 결국 조각상은 사람이 되어 행복하게 살았다는 이야기다.

믿음은 아직 이루어지지 않은 일을 이루어지도록 만들어 내는 힘을 가졌다. 믿음이란 의심하지 않고 기대를 저버리지 않는다고 여기는 일이다. 내가 먼저 상대가 내 기대를 저버리지 않는다고 생각하며 대하면 상대는 내 기대에 부응하려고 노력한다. 내가 어떻게 보는가에 따라 상대가 그에 맞게 반응한다.

상사가 베푼 마음에 고마움을 느끼고 그 마음에 목숨을 건다. 『한비자』에는 오기가 종기를 빨아준 일화가 나온다. 오기라는 장군은 먹고

자는 것을 항상 병사들과 함께했다. 하루는 부하가 종기가 났는데 이를 대장군이었던 오기가 직접 입으로 빨아주었는데, 소식을 들은 병졸의 어머니는 대성통곡을 하였다. 이를 이상하게 여겨 대장군이 그런 은혜를 베풀었는데 왜 그러한가를 물으니 '남편도 장군이 종기를 빨아주었는데 그로 인해 전쟁터에서 뒤도 돌아보지 않고 목숨을 바쳐 싸우다가 전사했습니다. 아들도 마찬가지로 전쟁터에서 대장군을 위해 목숨을 바쳐 돌아오지 못할 것이기에 어찌 슬퍼 울지 않을 수 있을까요.'라고 답했다.

내가 보인 믿음은 어떤 값으로 되돌아올지 모른다. 무언가를 노리고 믿음을 주면 잘못되었지만 내가 먼저 시작해야 함은 잊지 말아야 한다.

믿음을 잃으면 어떤 일도 이루어지지 않는다. 고층 빌딩을 세우려면 터다지기가 중요하다. 인간관계의 터다지기는 신뢰의 성립이다. 신뢰로 다져지지 않은 모든 관계는 허상이다.

믿음을 주어야 할 때와 주지 말아야 할 때

모든 사람을 믿을 수는 없다. 사람은 구분해서 봐야 한다. 믿음을 줘도 되는 사람과 믿음을 주지 않아야 할 사람으로 말이다. 믿음직스럽지 않은 사람은 믿지 않는 것 또한 믿음이다. 이는 사람과 함께 지내보며 깨달을 수 있다. 관계의 시작은 믿음이지만 이어지는 관계 속에서 믿음이 끝까지 이어지지 않을 수 있다. 내 기대를 저버리는 것 또한 배신이다. 여러 번 기회를 저버릴 때 우리는 믿음을 거두어야 한다.

信信信也. 疑疑亦信也.

믿어야 할 것을 믿어야 믿음이다. 의심할 것을 의심하는 것 또한 믿음이다.

– 『순자』 「비십이자」 –

배신은 아프지만 그 배신을 계속 붙잡고 가면 고통은 계속 이어진다. 고통이 만성질환으로 이어져 더 아프기 전에 수술대에 올려야 한다. 믿지 말아야 할 사람을 계속 믿는 것은 바보 같은 일이다. 약속을 어긴 사람을 믿지 않고 대비를 해야 문제를 해결한다. 일을 하다 보면 약속을 어기거나 마감시한이 다 되어서 못하겠다고 하는 사람이 있다. 그 사람에게 일을 줄 때는 충분히 고려하고 다른 선택지를 고려한 다음 일을 부여해야 한다. 끝까지 믿는다고 해서 일이 해결되지 않는다.

융통성이 필요한 믿음

그렇다면 무조건적으로 믿음을 지켜야 하는가. 그건 또 생각해봐야 하는 문제다. 세상에 진리는 없다는 말처럼 무조건적인 믿음도 없다. 미련하게 자기 목숨을 버려가면서까지 지키는 약속은 굳건한 신뢰가 아니라 융통성이 없는 것이다.

옛날 노나라 때 미생이라는 사람이 있었다. 어떤 여인을 다리 밑에서 만나기로 약속했다. 홍수가 나서 모두가 피한 상황에서 미생은 여전히 약속을 지키기 위해 그 자리를 피하지 않았고, 결국 홍수에 휩쓸려가 죽었다는 이야기가 전해진다.

좋게 보면 우직하게 목숨 걸고 약속을 지키는 사람이라 볼 수 있지만 이는 미련한 짓이다. 하얀 거짓말을 해야 할 때도 있다.

> 君子之於天下也, 無適也, 無莫也, 義之與比.
> 군자는 천하에 반드시 그래야 한다는 것도 없고, 절대로 안 된다는 것도 없다. 의로움을 따를 뿐이다.
>
> -『논어』「이인 10장」-

모순은 어느 순간에나 존재한다. 그 모순을 해결하기 위해선 융통성 있는 태도가 필요하다. 믿음은 때에 따라 달라질 수 있다. 어떻게 믿음이 상황에 따라 달라질 수 있냐고 물을 수 있지만 그것이 삶이다. 관계는 무조건 이렇게 해야 한다는 정해진 답이 없다. 늘 상황에 따라 달라지는 해답만이 있을 뿐이다. 융통성 있게 관계를 형성해야 한다.

『맹자』에는 권도(權道)라는 단어가 나온다. 융통성이 없던 제자였는지 순우곤이라는 제자가 맹자에게 이런 질문을 했다. '남녀 간에 물건을 직접 받는 것이 예입니까?' 남녀칠세부동석이라는 말이 있을 정도로 남녀 간의 문제를 중요시했던 시대였으니 이런 말이 나올 수 있다. 물론 맹자는 직접 받는 것은 예가 아니라고 말했다. 답을 들은 순우곤이 한발 더 나아가 다시 질문했다. '그러면 형수가 물에 빠졌는데 손을 잡아주면 안 되는 것 아닐까요? 스승님의 말씀으로는 형수의 손을 잡아주는 것이 예가 아닌 것 같은데요.' 이 말을 들은 맹자는 어처구니가 없었나 보다. '형수가 물에 빠졌는데 구해주지 않으면 짐승과 같다. 남녀가 직접 손을 잡는 것은 예가 아니나, 형수를 구해주는 것은 권도(權道)다.'

진리라고 생각한 상태는 상황에 따라 달라질 수 있다. 그것이 융통성이다. 다른 사람의 아내와 함께하는 것은 문제가 되나 물에 빠진 사람을 구해주는 것은 그것이 누구든 상관이 없다. 사람 목숨 앞에서 인공호흡의 문제를 따지는 것은 올바르지 않다.

유연함

태풍이 불 때 단단한 나무는 뽑히거나 쓰러지지만 부드러운 풀은 이리저리 흔들리기만 하고 평상시와 다름없이 잘 살아남는다. 생존에 유리한 종은 부드러움을 가진 종이다.

세상에서 가장 쉬운 것은 진실이다. 1 더하기 1은 2라고 답하는 일. 오늘 먹고 싶은 점심 메뉴에 삼겹살이라고 답하는 일. 진실이란 거짓이 없는 사실인데, 사실이란 실제로 일어난 일이다. 즉, 실제로 일어난 일을 거짓말하지 않고 있는 그대로 말하는 일이 진실이다.

문제는 인생은 진실과 사실로만 살아갈 수 없다는 점이다. 오늘은 짜장면을 먹고 싶지만 상사의 볶음밥이라는 단어에 함께 볶음밥이라고 말하는 거짓. 1 더하기 1은 3이라고 나를 다그치는 사람에게 3이라고 말하는 거짓. 억지라고 할 수 있지만 삶은 진실이 잘 통하지 않는다.

'나 뭐 바뀐 점 없어?'라는 여자친구의 말에 '모르겠는데.'라는 진실이 편하고 쉽지만 그렇게 대답하면 분위기가 좋지 않아진다. 열심히 생각해 어제와는 다른 점을 찾아내야만 한다. 그것이 거짓일지라도. 진실은 단단한 나무와 같다. 큰 나무로 인해 많은 이익을 받지만 태풍이 불면 뽑혀나간다. 반면 상황에 맞는 말은 부드러운 풀과 같아서 태풍이 불어도 끄떡하지 않는다.

거짓말을 하며 살아야 한다는 말이 아니다. 다만 유연함이 우선되어야 한다는 말이다. 진실은 단순하고 쉽다. 사실 있는 그대로가 진실이다. 그러나 상황에 맞는 유연한 말이 유일한 해답일 경우가 많다.

2차 세계대전 당시 유대인 가족이 집에 숨어 있었다. 집에는 아이만 혼자 남아 있었는데 독일군 병사가 와서 아이에게 물었다. '유대인 가족은 어디에 숨어 있니?' 평생을 진실할 것을 배워온 아이는 사실대로 피아노 아래를 가리켰다. 그렇게 유대인 가족들은 독일군이 쏜 총에 맞아 죽었다. 그 일은 아이에게 평생의 트라우마로 남았다.

우리는 이런 상황에서 어떤 선택을 해야 할까. 진실이 우선일까. 아니면 가족의 삶이 우선일까. 거짓말하지 말라는 말은 중요하지만 그럼에도 불구하고 상황에 맞는 유연함이 삶에는 반드시 필요하다.

유연과 경직

유연함을 알려면 반대말인 경직을 알아야 한다. 경직이란 융통성이 없고 엄격하며 뻣뻣한 상태이다. 우리가 운동하기 전에 준비운동을 하는 이유는 경직된 몸을 유연하게 만들어 다치지 않기 위함이다.

경(硬)은 돌(石)을 고친다(更)는 뜻이다. 돌로 만든 것들은 단단하고 강하지만 세밀하지는 않다. 직은 굽지 않고 곧게 펴는 모양이다. 즉, 경직이란 돌로 만들어져 절대 굽지 않고 단단한 상태를 말한다.

경직된 상태로는 어떤 일도 세밀하게 완성하지 못한다. 사회생활을 시작해 처음 입사한 신입사원은 모든 것이 새롭다. 사람, 환경, 시간조차 낯설기에 경직될 수밖에 없다. 긴장된 상태로 딱딱하게 굳어 있으면 유연한 생각보다 실수가 나오기 마련이다. 조금씩 적응된 다음 익숙해졌을 때 비로소 긴장이 풀리고 여유가 생긴다.

유연함이란 부드럽고 연한 상태다. 모래를 만질 때는 부드럽다. 모래에 열을 가했을 때 유리가 되지만 그 전 단계는 한없이 부드럽다. 거칠거나 뻣뻣하지 않기에 편안하다.

유(柔)라는 글자는 창(矛)이 나무(木) 위에 있는 모양이다. 나무에 뾰족하게 새순이 올라온 모습이 바로 부드러움이다. 갓 올라온 새싹은 부드럽지만 땅이라는 단단함을 뚫고 올라온 에너지는 무엇보다 강하다. 그래서 유능제강이라고 말한다. 부드러움은 능히 강함을 제어할 수 있다.

부드러움은 곧 융통성을 말한다. 융통성은 여유에서 나오고, 여유는 익숙함에서 나온다. 익숙해지려면 글자 그대로 익히고 삶아야 한다. 오랜 시간 열을 가해 본래의 상태에서 벗어나야 한다. 여기에서 열이란 노력과 시간이다.

융통성은 여러 가지 선택지 중에서 가장 합리적인 선택지를 고르는 일이다. 형편에 따라 적절하게 대처하는 일이기도 하다. 망치만 가진 사람은 모든 문제를 못으로 보지만, 톱과 드라이버와 드릴과 같은 다양한 도구를 가진 사람은 다양한 문제해결이 가능하다.

진실은 오로지 망치만 든 상태와 같다. 우리가 유연해지려면 많은 경험과 노력과 시간을 들여 많은 장비를 구해야 한다. 사실보다 상황에 맞는 선택을 해야 한다. 이를 우리는 부드러운 삶, 유연한 삶이라 말한다.

풀이 나무보다 키가 높아지는 방법이 있다. 담쟁이덩굴이 되어 높은 벽을 타고 오르면 된다. 어떤 벽을 타는지는 선택이다. 높은 벽을 타려면 오랜 시간과 노력이 필요하겠지만 500년 된 나무보다 더 높이 오를 수 있다.

부드러움은 무엇이든 타고 넘나든다. 강한 파도에 정면으로 마주치면 넘어지지만 서퍼들은 부드럽게 타고 넘나든다. 이처럼 우리는 유연함이라는 무기로 다양한 인간관계를 부드럽게 타고 넘나들어야 한다.

파울로 코엘료의 소설 『연금술사』에는 선택의 순간이 나온다. 사막을 지나고 있을 때 우연히도 우물을 발견했다. 우물에는 물 한 병을 넣고 펌프질을 계속하면 물이 나온다고 쓰여 있었다. 이때 주인공은 그냥 갈지, 아니면 갖고 있는 마지막 한 병을 넣을지에 대한 선택을 해야 했다. 결국 물을 넣어 펌프질을 했고 다행스럽게도 물이 나왔다. 이때 넣은 물을 '마중물'이라고 한다.

마중물이란 펌프질을 할 때 내부에 있는 물을 끌어올리기 위해 위에서 붓는 물을 뜻한다. 깊숙한 곳에 있는 수원지에 겨우 한 바가지의 물로 그 물을 이끌어 낼 수 있다. 시작은 '한 바가지의 물'이다. 내가 무언가를 얻기 위해서는 마중물을 붓듯이 먼저 주어야 한다.

먼저 주어야 한다는 말은 모든 선인들이 했던 말이다. 공자는 '자신이 원하지 않는 일을 다른 사람에게 시키지 말라.'고 했다. 누가복음 6장 31절에서도 '남에게 대접받고자 하는 대로 너희도 남을 대접하라.'고 나온다. 노자의 『도덕경』에도 비슷한 말이 있다.

> 將欲歙之 必固張之. 將欲弱之 必固强之. 將欲廢之 必固興之. 將欲奪之 必固與之.
>
> 오므리려면 일단 펴야 한다. 약하게 하려면 일단 강하게 해야 한다. 망하게 하려면 일단 흥하게 해야 한다. 빼앗으려면 일단 줘야 한다.
>
> -『도덕경』-

일단 줘라. 진나라의 헌공이라는 왕은 다른 나라를 공격하기 전에 먼저 많은 선물을 보내 방심하게 했다. 물론 무언가를 얻기 위해 먼저 베풀라는 의미는 아니다. 먼저 주었을 때 관계가 원활하게 이어진다는 뜻이다.

> 夫仁者, 己欲立而立人, 己欲達而達人. 能近取譬, 可謂仁之方也已.
>
> 인이란 자신이 서고자 할 때 남부터 서게 하고, 자신이 뜻을 이루고 싶을 때 남부터 뜻을 이루게 해주는 것이다. 자신이 원하는 것을 미루어서 남이 원하는 것을 이해하는 것이 바로 인의 실천방법이다.
>
> -『논어』「옹야 28장」-

나 혼자만 선다고 끝나는 것이 아니라 상대도 같이 서야 한다. 내 뜻만 중요하지 않다. 남의 뜻도 중요하다. 그것이 존중이고 배려다. 내가 원하는 걸 상대가 원할 수도 있다. 이런 단계를 거치며 사람을 이해해간다.

딱하고 가엾게 여기는 마음으로 상대를 대하자. 세상에 얼마나 불쌍한 사람들이 많은가. 부모의 마음으로 상대를 자식같이 사랑하고, 자식의 마음으로 상대를 부모같이 공경한다.

> 仁者愛人, 有禮者敬人.
>
> 인(仁)한 사람은 사람들을 사랑하고, 예(禮)를 차리는 사람은 사람들을 공경한다.
>
> -『맹자』「이루 하 28장」-

상대를 사랑하고 공경할 때 선한 상호작용이 가능해진다. 집에서 부모님께 효도하라는 말은 사회에 나오기 전 가장 작은 집단인 가정에서 공경을 배우라는 말이다. 상대를 공경하면 상대도 나를 공경한다. 나를 공경하지 않으면 물러나면 그만이다.

내가 먼저 주면 상대도 나에게 준다. 내가 먼저 주었을 때 상대가 받기만 하면 그 관계를 고려해야 한다. 상대가 먼저 주면 감사하다고 받고 나도 다시 되돌리면 된다. 관계는 간단한 공식이다. 서로 관계 맺으며 더함이 있어야 한다. 한쪽만 이득이 되고 한쪽은 손해가 되는 관계는 끝내 잘 이루어지지 못한다.

> 내가 진실로 너희에게 이르노니 너희가 여기 내 형제 중에 지극히 작은 자 하나에게 한 것이 곧 내게 한 것이니라.
>
> -「마태복음 25장 40절」-

내 주변을 먼저 챙겼을 때 그 사람이 곧 예수님께 행한 것과 같다. 지극히 작은 자는 지극히 약한 자이다. 약하고 불쌍한 사람들을 챙겼을 때 비로소 그 사회는 올바른 사회라 말할 수 있다. 내가 먼저 주는 삶이 훨씬 마음이 편안하다. 내 마음 편하고자 하는 일이 선순환을 불러온다면 확실히 이득이 된다. 내가 먼저 주는 일은 나 좋자고 하는 일이다.

공감

공감(共感)이란 타인의 감정에 나도 똑같이 느끼는 것이다. 공(共)이란 '함께'라는 의미이다. 공(共)이라는 글자는 상자를 함께 들고 있는 모습이다. 상대방과 함께 무언가를 들려면 동일한 힘을 사용해야 한다. 내가 힘을 빼면 상대가 무겁고, 상대가 힘을 빼면 내가 무겁다. 사람은 둘이지만 한마음으로 움직여야 한다. 감(感)이란 '느끼다'라는 뜻이다. 모두(咸)와 마음(心)이 합쳐졌다. 모두의 마음을 하나로 만든다.

모든 마음이 하나가 되어 통한다. 남의 감정을 내가 느끼고 내 감정을 남이 느꼈을 때 통한다고 말한다. '어쩜 그렇게 내 마음을 잘 느끼고 알아주니.'라고 하는 사람은 내 마음을 남김없이 알아주었기에 그렇게 말한다.

어떤 사람과 함께 차에 타서 부산으로 출발했다. 좋은 여행을 하려면 함께 타고 있는 사람과 같은 마음을 가져야 한다. 나는 출발했는데 옆에서 불평불만만 늘어놓고 나는 가기 싫은데 너 때문에 간다고만 하면 쉽지 않다. 그 사람과 다른 마음을 갖거나 공감하지 않는다면 여행길은 나와 상대 모두에게 고통이 된다. 상대방이 화장실에 가고 싶은데 내가 공감하지 못한다면? 끔찍한 일이 벌어질 수도 있다.

인간관계를 포함한 많은 관계에서는 공감이 중요하다. 너와 나의 마음이 하나로 되어 통하게 만드는 것이 공감이다. 제대로 통해야 우리는 소통했다고 말한다. 통하지 않으면 고통밖에 되지 않는다.

『공감은 지능이다』라는 책이 있다. 상대가 어떤 감정을 느끼는지 알고 그 감정을 함께 느낄 수 있어야 공감이다. 공감능력은 환경에 따라 변할 수 있다. 나치가 유대인들을 가두기 위해 만들었던 아우슈비츠 수용소같이 삭막한 곳에 살면 공감은 사라지고 오로지 생존이 위주가 된다. 반대로 행복한 가정에서는 서로 공감하고 아끼면서 살아가면 모두의 공감능력이 향상된다.

내가 하기 싫은 일을 남에게 시키지 않는다. 이는 기본이다. 내가 아프면 상대도 아프다는 생각, 내가 싫으면 상대도 싫어한다는 생각을 가져야 한다. 들으면 간단하지만 실천함에 있어 어려울 수 있다.

직접 그 일을 겪지는 않았으나 어림잡아서, 대강 생각하는 걸 헤아림이라 말한다. 실제로 못 느꼈지만, 큰 틀에서 기본적으로 그러하겠다는 생각이다. 친구가 상처가 났다면 나도 아픈 적이 있었기 때문에 그 사람의 상태를 100% 이해하지는 못하겠지만 대강 그러하겠다가 바로 헤아림이다.

그다음이 '받아들임'이다. 이는 어떤 사실에 대해 들어주고, 그에 대해 옳다고 인정하는 일이다. 이 과정은 넓은 마음이 필요하다. 마음이 넓지 않으면 타인의 마음과 감정을 받아들이지 못한다. 좁은 방이 물건으로 차 있다면 어떤 물건도 들어갈 수가 없다. 마음도 마찬가지로 내 생각과 착각, 고정관념으로 차 있다면 타인을 받아들이지 못한다. 결국 남을 인정하기 위해서는 넓은 마음을 가진 사람이 되어야 한다.

이해심이 있어야 다른 사람을 공감할 수 있다. 어떤 처지에 있는지 이해하고, 그를 옳다고 인정하며 받아들이는 일이 꼭 필요하다.

공감의 시작은 나로부터 남에게 나아간다. 내가 하기 싫은 것에 대한 이해가 있은 다음 헤아림을 통해 타인도 하기 싫어할 수 있겠다는 마음을 가지는 것, 그것이 바로 공감의 시작이다.

늘 삼가라

—— 관계가 부드럽게 유지되기 위한 윤활유가 있다. 바로 겸손이다. 겸손은 어떤 성과를 이루어 내면 내가 한 일이 아니라 네 덕분에 한 일이라는 태도를 말한다. 상대를 먼저 존중하고 나를 내세우지 않는 태도가 겸손이다.

겸손한 사람과 함께하면 늘 자기를 낮추고 나를 높여주어 마음이 편안하다. 반면에 자기만 내세우는 사람과는 함께하기 어렵다. 늘 자기중심적이고 자기 이야기만 하는 사람은 절대 겸손하지 않다.

> 江海所以能爲百谷王者 以其善下之. 故能爲百谷王. 是以欲上民 必以言下之. 欲先民 必以身後之.
>
> 강과 바다가 계곡들의 왕이 될 수 있는 것은 가장 낮은 곳에 있기

> 때문이다. 그래서 모든 계곡의 왕이 되는 것이다. 그러므로 백성 위에 있기를 바란다면 반드시 겸손한 말로 자신을 낮추고 백성의 앞에 서고자 한다면 반드시 몸을 남의 뒤에 두어야 한다.
>
> -『도덕경』-

이기적인 사람은 내게 선택지를 주지 않는다. 삶의 모든 기준이 자기에게 있기에 타인을 용납하지 못한다. 타인의 의견을 존중하지 못하기에 경청도 안 된다. 이들을 보면 가시나무라는 노래 가사 첫 구절이 떠오른다. '내 속엔 내가 너무도 많아 당신의 쉴 곳 없네.' 그 사람 속에는 너무도 많은 자기가 존재하기에 편히 쉴 곳조차 없다.

겸손의 시작은 나를 내려놓는 일이다. 나를 낮춘다고 해서 존중하지 않는 것이 아니다. 스스로를 존중하는 사람만이 스스로를 낮출 수 있다. 자기를 존중하기에 남을 존중할 수 있다. 나를 가치 있게 여기기에 상대를 가치 있게 볼 수 있다.

> 曾子曰, 以能問於不能, 以多問於寡, 有若無, 實若虛, 犯而不校.
>
> 증자가 말했다. '능력이 있으면서도 능력 없는 사람에게 묻고, 많이 알면서도 적게 아는 사람에게 물었으며, 있으면서도 없는 듯하고, 꽉 차있으면서도 텅빈듯하고, 남이 자기에게 잘못을 범해도 잘잘못을 따지며 다투지 않았다.'
>
> -『논어』「태백 5장」-

증자가 안연을 두고 이야기한 글이다. 능력이 있어도 물어봐야 한다. 내가 모든 일을 모르기 때문이다. 하루는 공자가 제사를 지내러 갔었다. 그곳에 있는 담당자가 있어 제사가 진행될 때마다 매사 질문을 했다. 누군가 그 모습을 보고 '누가 공자보고 예를 안다고 말하는가. 제사가 어떻게 진행되는지도 모르고 매사를 묻더라.'라고 말했다. 그에 대한 공자의 답이다. '그것이 예(禮)다.'

제사에 대해 많이 알고 있더라도 현장에서 담당하는 담당자보다 많이 알지는 못한다. 내 앎과 현실이 부합되는지도 확실하지 않다. 담당자가 버젓이 있는데 내가 많이 안다고 모든 일을 내 방식대로 해결하는 것도 상대를 배려하지 못한 행동이다. 그렇기에 공자는 하나씩 물어가며 제사를 지냈다. 능력이 있으면서도 물으면 더 많은 것을 알게 된다.

> 挾智而問, 則不智者至.
> 자기가 이미 알고 있는데도 그것을 숨기고 신하에게 물으면 모르는 일도 더 알게 된다.
>
> –『한비자』「내저설 상」

모르는 일을 더 자세히 알려면 질문을 던지면 된다. 있으면서도 없는 척한다. 겸손은 자기가 가진 것을 덜어내는 태도다. 내가 가진 그릇을 비워야 새로운 물건을 담을 수 있다.

겸손한 삶

겸손은 쉽게 말해 나대지 않아야 한다. 겸손을 잃으면 얌전하게 못 있고 촐랑거리며 움직인다. 하지 말아야 할 말을 하고, 하지 않아도 될

행동을 한다. 과하게 행동할 때 예기치 못한 실수가 생긴다.

太公曰 勿以貴己而賤人 勿以自大而蔑小 勿以恃勇而輕敵.
태공이 말했다. "나를 귀히 여김으로써 남을 천하게 여기지 말고, 자기를 크게 여겨 자기만 못한 남을 업신여기지 말며, 용맹을 믿고서 적을 가볍게 여기지 말지니라."

- 『명심보감』「정기편」 -

나를 존중하라고 해서 나만 존중하고 남을 깎아내리면 안 된다. 나를 존중하는 만큼 상대를 존중해야 한다. 자신감 있게 살라고 해서 상대를 하찮게 여기면 안 된다. 용기를 갖고 살라고 해서 상대를 경시하면 안 된다.

조심하며 삼가는 삶

내게 일어나는 모든 일은 내가 원인이 되어 일어나는 일이다. 내게서 나간 것들이 무엇이 있는지 살피며 늘 조심해야 한다. 사람이 삼가는 이유도 재앙이라는 결과를 만들어 내는 원인을 짓지 않기 위함이다.

戒之戒之 出乎爾者反乎爾者也
증자가 말했다. '조심하고 조심하라. 너에게서 나간 것이 너에게로 돌아온다.'

- 『맹자』「양혜왕 하 12장」 -

'새해 복 많이 받으세요.'라는 말을 하지만 사실 새해 복 많이 지어야 한다는 말로 바꿔야 한다. 복은 내가 짓는 것이지 때문이다. 복을 내가 짓는 것처럼 삶도 내가 만들어가는 것이고, 재앙도 내가 짓는 것이다. 재앙을 짓지 않도록 조심해야 한다.

여유가 병들 때

살아가면서 많은 자랑거리들이 생긴다. 좋은 관계, 높은 성적, 연봉, 수익, 성과 등 다양한 자랑거리가 있다. 이 자랑을 친구든, 동료든, SNS 등 다양한 경로를 통해서 나누고 싶어 한다. 자랑을 통해 축하를 받을 수 있지만 대부분의 경우 자랑의 끝은 좋지 않다.

자랑은 남들의 질투를 부른다. 사실 질투도 질병이다. 질병의 질(疾)과 질투의 질(嫉)에는 모두 질(疾)이 포함되어 있다. 질투의 질에는 여자(女)가 들어 있다. 이때 쓰인 여자는 부드러움을 의미한다. 부드러움이라는 여유가 병들었을 때 질투가 생긴다. 자랑은 질투를 부르게 된다. 상대방의 여유를 없애려면 자랑을 하면 된다. 사돈이 땅을 사도 배가 아픈데 어떻게 질투가 나지 않겠는가.

질투를 막아내는 가장 강력한 방패가 바로 겸손이다. 겸손으로 자랑하고 싶은 마음을 막는다. 꽉 차 있지만 텅 빈 것처럼 행동하는 처세가 있어야 질투를 부르지 않는다. 늘 자신을 낮추기면 누구도 방해라 여기지 않고 싫어하지 않는다.

비교하지 말라

겸손한 사람은 남들과 비교하지도 않는다. 상대방의 단점을 이야기하지도 않는다. 남을 평가하거나 재단할 시간 없이 자신의 삶을 살기 때문이다.

> 子貢方人. 子曰, 賜也賢乎哉. 夫我則不暇.
>
> 자공이 사람들의 장단점을 비교하자, 공자께서 말씀하셨다. "사는 똑똑한가 보구나? 나는 그럴 틈이 없다."
>
> -『논어』「헌문 31장」-

타인의 삶과 비교하거나 평가한다고 해서 달라지는 것이 무엇일까. 아무것도 없다. 그저 내가 평가하는 그 사람보다 좀 더 낫다는 착각뿐이다. 상대를 깎아내리며 내 자존심과 자존감을 채우기는 불가능하다. 오로지 나에게만 집중하여 내 할 일을 할 시간조차 부족하다.

> 伯夷叔齊 不念舊惡, 怨是用希.
>
> 공자께서 말씀하셨다. "백이와 숙제는 남의 옛 잘못을 염두에 두지 않았고, 이 때문에 이들을 원망하는 사람도 드물었다."
>
> -『논어』「공야장 23장」-

뒤끝 있는 사람과 함께하기는 쉽지 않다. 10년 전 일까지 끄집어내어 당시에 힘들었다는 이야기를 하면 숨이 막힌다. 속을 넓혀야 한다. 옛일을 자꾸 꺼내면 원망이 생긴다.

成事不說, 遂事不諫, 旣往不咎.

완성된 일은 거론하지 않고, 끝난 일은 간언하지 않고, 과거는 탓하지 않는 법이다.

-『논어』「팔일 21장」-

이미 완성된 일을 말해서 무엇할까. 시작하기 전에 이야기했어야 맞지 이미 끝난 일에 화내봤자 아무 소용이 없다. 끝난 일에는 왈가불가하지 않는다. 어차피 끝났다. 이렇게 했어야 했니, 안 했니를 따지기에는 아무 소용이 없다. '그때 주식을 샀어야 했는데.'라는 말은 누구나 할 수 있다. 지나간 일은 탓하지 않는다. 버스가 떠난 뒤에 쫓아가 봤자 아무 소용없다.

人潔己以進, 與其潔也, 不保其往也.

사람이 자기 자신을 깨끗이 하고 나아가면 그 깨끗함을 편들어 주어야지 그의 과거에 얽매이지 말아야 한다.

-『논어』「술이 28장」-

관계에도 일사부재리의 원칙을 적용해 보자. 일단 판결이 확정되면 다시 재판을 청구할 수 없는 이 원칙을 사용하면 관계의 원망이 줄어들지 않을까. '이 일은 3년 전에 이미 잔소리 들은 일로 제재가 이루어진 일입니다.'라고 말해보는 건 어떨까.

인간의 역린

타인과 함께할 때는 절대 역린을 건드리면 안 된다. 역린이란 용의 턱밑에 거꾸로 나 있는 비늘을 말한다. 이 비늘을 건드리면 용에게 화를 입는다. 누구에게나 건드리면 사이렌이 울리는 버튼이 있다. 이를 건드리지 않는 지혜가 필요하다.

대화를 하다 보면 상대가 피하고자 하는 분야가 있다. 호기심에 이를 파고들어 선을 넘은 순간 사이렌이 울려 온갖 미사일이 날아올 것이다. 사실관계에서 중요한 것은 눈치다. 눈치가 없으면 사실관계를 유지하기 쉽지 않다. 눈치껏 행동해야 하지만 그 눈치를 높이기는 어렵다. 그래서 예민하게 관찰해야 한다.

상대가 좋아하고 싫어하는 것, 관심사 등 다양한 것들을 관심 있게 살펴보자. 어떤 것이 이 사람의 역린인지도 찾아보며 건드리지 않도록 유의해야 한다. 관계에서는 늘 삼감이 필요하다. 관계에는 해야 할 일보다 하지 말아야 할 일들이 더 많다.

감정 쓰레기통이 되지 말자

타인의 역린을 건드려서는 안 되지만 반대로 누군가의 감정 쓰레기통이 되어서는 안 된다. 누구도 내게 함부로 대할 수 없다. 나와 가까운 사람이 나를 함부로 대한다는 건 잘못되었다. 누군가가 나를 감정 쓰레기통으로 활용하고 있다면 이는 관계를 잘못 맺고 있다는 증거이다.

내가 만만해 보여서 자꾸 선을 넘는다. 선을 넘을 때 적절한 제어를 하지 못하면 지속적으로 넘게 된다. 한창 자신의 감정을 쏟아내고 나면 너밖에 없다고, 내 친구는 너뿐이라고 하며 가스라이팅을 시도한다. 그 칭찬에 혹해서 넘어가면 여지없이 쓰레기통으로 남을 뿐이다. 침착하고 태연하게, 만만하게 보이지 말자. 통제하기 어려운 사람이 되어야 한다.

『밥프록터의 위대한 확언』에서는 이렇게 나와 있다. '의식적으로, 의도적으로 정신을 바로잡지 않으면 주변 사람이나 환경이 당신의 정신 상태를 좌우한다.' 누구도 나를 통제하도록, 마음대로 좌지우지하도록 놓아두지 말자.

순진하기 살지 말자. 비판적인 사고로 타인의 말을 받아들여야 한다. 상대가 하는 말의 옳고 그름을 따질 줄 알아야 한다. 맹자는 시비를 가리는 마음을 지혜의 단초라고 말했다. 옳고 그름을 가릴 수 있어야만 지혜로운 사람이 된다. 옳고 그름을 가리기 위해서는 기준이 필요하다. 기준을 얻기 위해 많이 배워야 한다.

착한 사람이 되지 말자. 도선불여악(徒善不如惡)이다. 착하기만 한 사람은 악보다 더 나쁘다. 좋은 게 좋은 것이라는 안일한 생각이 내 삶을 망친다. 철저하게 옳고 그름을 따지며 감정 쓰레기통이 되지 않도록, 관계에서 나를 보호하도록 생각하고 움직여야 한다.

감정에 휘둘리지 마라

우리가 삼가는 연습을 해야 하는 이유는 간단하다. 불현듯 찾아오

는 인생의 뒤통수치기에 적절히 대응하기 위해서다. 언행을 조심하고 신중하게 대하지 않으면 갑자기 뒤통수를 맞고 감정이 폭발해 이성을 잃을 수 있다. 이를 사전에 방비하는 연습이 삼감이다.

임진왜란이 끝나고 유성룡이 쓴 『징비록』은 과거의 실수를 되풀이하지 않기 위해 지난 일을 경계하고 훗날의 근심을 삼간다는 뜻의 책이다. 인생 또한 마찬가지이다. 더 많은 실수를 하지 않기 위해 삼가야 한다.

인생을 신중하게 산다고 해서 손해 볼 일은 없다. 신중함이란 조심스럽게 움직이는 것이다. 삶을 조심스럽게 살지 않으면 늘 위험과 맞닥뜨린다. 용감함이 필요한 상황이 있다. 전쟁터에서 '돌격 앞으로'하며 뛰어갈 때 용감함이 필요하다. 물론 뛰어가면서도 조심스럽게 움직여야 생존확률이 높아진다. 자신의 목숨을 돌보지 않을 때는 삼가지 않아도 괜찮으나 평상시를 살아갈 때는 신중한 태도가 관계에서든 일에서든 이익이 된다.

함께라는 마음

——— 인간관계는 결국 '함께'라는 단어로 종결된다. 더불어 사는 세상을 살아가는 인간이 어떻게 그 '더불어'를 실천할 것인가를 고민해야 한다. 『맹자』에는 우리 모두가 가져야 할 단어가 나온다. 바로 '여민동락(與民同樂)'이다. 백성과 더불어 즐거움을 함께한다.

> 與百姓同樂 則王矣
>
> 백성들과 즐거움을 함께하신다면 왕 노릇 할 수 있다.
>
> - 『맹자』「양혜왕 하 1장」 -

소대장이라면 소대원들과 함께 즐겨야 한다. 팀장이라면 팀원과 함께 즐거움을 함께하고, 가장이라면 식구들과 즐거움을 함께해야 한다.

여기에는 사실 이유가 없다. 내 소대원들이고, 내 식구들이고, 내 팀원들이다. 무언가를 하더라도 함께하면 된다. 나 혼자 즐기지 말고 함께 즐기면 된다.

왕이 음악을 좋아하는 걸 뭐라고 하지 않는다. 그 음악을 혼자 즐기고 함께하지 않으면 이를 두고 백성들은 '우리들은 힘들게 사는데 왕은 혼자 놀고 있구나.'라고 말한다. 그러나 함께 음악을 즐기면 '우리 왕이 좋은 일이 있어서 흥겹게 지내시는구나.'라고 말한다.

왕 노릇이란 리더와 같다. 대위까지 군 생활을 하며 여러 종류의 소대장들을 많이 봤다. 아무것도 모르는 소위로 임관해서 적게는 스무 명에서 많게는 사십 명의 소대원들을 이끌어야 한다. 처음에 소대장 노릇 하기가 참 어렵다. 처음 오는 소대장에게 내가 2년 동안 소대장을 하며 느낀 점을 조언을 해준 기억이 있다.

'소대원이 있어야 소대장이 존재한다. 소대원이 행복해야 소대장이 행복하다. 늘 소대원들과 함께해라. 그게 전부다.' 2년의 소대장 생활을 요약하면 그게 전부였다. 항상 선배들이 어깨 위에 달린 견장의 무게를 인식하라고 말했다. 내 어깨 위에 있는 견장은 중대장이나 대대장이 달아주는 것이 아니라 소대원들이 달아준 것이다. 소대원들이 달아주고 소대원들이 지탱해준 시간이었다. 어려운 것은 없다. 그저 함께하면 된다.

서로 존중하고 배려하는 사회적 경험을 통해 조화를 이루고, 이렇게 이루어진 조화를 바탕으로 다 함께 즐거움을 나눈다. 즐거움은 서로가 가진 공동체 의식을 강화하고, 서로의 삶을 조금씩 이해하며 더 나은 사회로 이끌어간다.

서로 공격하는 사회가 아니라 서로 포용하는 사회로 나아가기 위한 걸음이 바로 더불어 살아가는 삶이다. 우리의 관계가 그저 내가 편안한 것에서 끝나는 것이 아니라 나도 편안하고, 너도 편안해서 우리가 평안한 상태가 되는 길로 걸어가야 하지 않을까. 나만 잘되자고 세상에 태어나지 않았다. 우리 모두 함께 잘되자고 세상에 태어났다.

조화롭게 공존하고 서로 포용하며, 소통하고 협력하는 세상이 되는 길은 너와 나의 관계에서 시작한다. 우리가 가야 할 길은 더불어 사는 삶이다. 그를 위해 어떤 것부터 시작해야 할지는 스스로가 정해야 한다. 내가 혼자 삶으로써 더불어 사는 삶을 취할 수는 없다. 함께 사는 삶을 택했을 때, 그 삶이 이기적이 아닌 이타적인 삶이 되도록 애쓰는 삶이어야 올바른 삶, 인간다운 삶이라 말하지 않을까.

5

내가 놓친 돌다리들에 대하여

독서

독서를 많이 하자. 말을 하려면 생각해야 하고, 생각하려면 생각에 필요한 자료가 있어야 한다. 생각의 자료를 찾기 위해 매체를 접하고, 그중에서 가장 효율적으로 생각의 자료를 얻을 수 있는 매체가 바로 독서다.

영화는 우리가 상상한 이미지가 확정되어 스크린에 상영된다. 해리포터 시리즈를 책으로 볼 때와 영화로 볼 때의 느낌은 다르다. 책으로 읽을 때는 무한한 상상이 가능했지만, 영화는 확정된 이미지로 우리 뇌 속에 고정된다. 영상은 있는 그대로 수용하는 과정밖에 없기 때문에 생각의 거리가 많지 않다. 반면 독서는 무한한 상상의 세계로 들어간다.

아는 만큼 책이 보인다. 책을 읽은 만큼 내용이 연결된다. 창의의 시작은 연결이다. 창의력을 기르기 위해서라도, 연결력을 기르기 위해서라도 다양한 책을 읽어야 한다.

그중에서 문학은 더 크게 도움 된다. 문학은 당시 시대에서 말하지 못하는 내용을 우회적으로 표현한 글이다. 문학은 직접적으로 하지 못하는 말은 어떻게 우회적으로 할 수 있는지를 배울 수 있다.

『논어』에는 예가 아니면 보지도, 듣지도 말하지도, 행동하지도 말라는 글이 있다. 공자가 말하는 예는 예의에 어긋난 것이지만 이를 선으로 대입해 보면, 선하지 않은 것은 보지도, 듣지도, 말하지도, 행동하지도 말라는 말이 된다.

좋은 말을 많이 들어야 하는 이유는 나쁜 말을 듣지 않기 위함이다. 좋은 일만 보고 좋은 책만 읽어야 하는 이유는 나쁜 것을 보지 않기 위함이다.

우리가 본 모든 것들이 무의식에 저장되고, 저장된 무의식은 특정 환경과 연결되었을 때 나도 모르게 튀어나온다. 무의식조차 좋은 요소들로 채웠을 때 우리의 모든 선택지가 최소한 나쁜 결과를 가져오는 선택지가 되지 않는다.

자기계발서나 다양한 책들, 성공한 사람들이 쓴 책은 내용이 비슷하기에 몇 권 읽으면 비슷한 종류의 책들을 읽기 힘들다. 이미 아는 내용 같고 늘 하는 이야기라고 생각하는데, 이는 착각이다. 최종적으로 내가 그렇게 실천하고 있는가를 우선 되짚어 봐야 한다. 하나를 건지면 메모해서 잊지 않아야 한다. 여러 권 읽는 독서가 중요하지 않다. 단 한 권만 읽어도 그 책을 실천했는가를 물어야 한다. 그러지 않고 여러 권 읽어 책장에 장식용으로 꽂아놓은 책은 돈 낭비일 뿐이다.

여러 권 읽는 독서가 중요하지 않다. 단 한 권만 읽어도 그 책을 실천했는가를 물어야 한다. 그러지 않고 여러 권 읽어 책장에 장식용으로 꽂아놓은 책은 돈 낭비일 뿐이다.

독서는 세상을 올바르게 이해하기 위한 행위다. 세상에 펼쳐진 일리를 찾고, 다양한 문제의 해답을 찾는 과정, 그것이 바로 독서를 통해 얻어야 하는 이해이다. 이해력이 부족하다 느낀다면 독서를 해야 한다.

길을 걸어갈 때 흔들리지 않게 나를 잡아주는 친구가 바로 독서다. 나와 같은 길을 걸어가는 사람들이, 먼저 걸어간 선배들이 책 속에 존재하고, 그들이 내 등을 밀어준다. 외롭다면 독서해야 한다. 고독을 이겨내기 위해 독서한다. 자립하는 데 가장 도움이 되는 것이 바로 독서이다.

인생의 양면성

——— 인생은 늘 두 가지로 생각해야 한다. 동전이 앞뒤가 있는 것처럼 인생에도 양면이 존재한다. 시(示)라는 글자는 보다의 뜻이 있다. 이 글자는 두 가지(二) 작은(小) 것이 합쳐졌다. 즉, 긴 것과 짧은 것을 생각하고 작은 것조차 놓치지 않고 봐야 한다는 뜻이다. 불행이 찾아오면 행복도 생각해 보고, 행복이 찾아오면 불행을 예측해 봐야 한다. 좋은 일이 있을 때는 안 좋은 일이 반드시 찾아온다는 사실을 잊지 말자.

인간관계도 마찬가지다. 상대방의 장점과 단점 모두를 볼 수 있어야 한다. 한쪽으로만 치우치면 안 된다.

모든 일에는 두 개의 손잡이가 있다고 가정하라. 하나는 계속 끌고 다니기 위한 것이고, 다른 하나는 그렇게 하지 않기 위한 것이다.

- 에픽테토스 -

장점은 끌어야 하고, 단점은 놓아야 한다. 장점은 북돋아 주고, 단점은 눈감아 주는 여유가 필요하다. 양면을 이해하지 못하면 누구도 이해하지 못한다. 폭넓은 이해는 긴 것과 작은 것을 아는 관점에서 시작된다. 길고 짧은 것은 대어 보아야 안다. 내 눈을 믿지 말고 직접 보며 이해해야 한다. 인생은 양면성을 갖고 있다는 점, 그 속에 있는 사소함까지 살펴야 한다는 점을 잊지 말아야 한다.

불운에 대한 태도

누구나 그렇겠지만 불운한 일을 겪고 싶지 않아 한다. 갑자기 병이 들거나, 문제가 생겨 빚이 생기거나, 회사에서 해고당하는 비교적 큰 불운부터 사소하게는 차가 고장 나거나, 무언가를 잃어버리는 작은 불운들까지 다양한 크고 작은 불운들이 일어난다. 모두가 행운을 바란다.

반대로 한번 생각해 보자. 불운이 나에게 오지 않으면 안 되는 이유가 있을까? 내가 이 병에 걸리지 않아야 하는 이유를 말해보자. 이 불행이 내게 닥치면 안 되는 이유를 설명해 보자. 이런 질문에 답을 하기는 쉽지 않다.

과녁은 맞히지 말라고 세워놓은 것이 아니듯이, 세상에서 일어나는 모든 불운도 본질적으로는 당하지 말라고 벌어지는 것이 아니다.

- 에픽테토스 -

내게 찾아온 불행을 늘 기다리고 있었다는 태도로 맞서보자. 내가 좋아하는 노래 중에 '달빛요정역전만루홈런'이라는 가수의 '나의 노래'가 있다. 이 노래의 첫 구절이 참 좋아서 한동안 흥얼거렸다. '덤벼라 건방진 세상아 이제는 더 참을 수가 없다. 붙어보자 피하지 않겠다. 덤벼라 세상아.' 피하지 못하면 즐겨야 한다. 모든 것들이 내 책임이고 내가 선택한 결과임을 잊지 말자.

삶에서 끊어내야 하는 것들이 몇 가지 존재한다.

子絶四 毋意, 毋必, 毋固, 毋我.

공자는 네 가지를 끊으셨다. 사사로운 마음이 없었고, 반드시 그러하겠다는 마음이 없었고, 고집부리지 않았고, 아집을 부리지 않았다.

-『논어』「자한 4장」-

공자가 삶에서 끊어낸 네 가지가 있다. 첫째, 무조건 짜장면을 생각하지 않고 모두의 이야기를 들었다. 둘째, 반드시 짜장면을 먹어야 한다고 말하지 않았다. 셋째, 짜장면만 좋아하지도 않았다. 넷째, 짜장면만 옳다고 말하지 않았다.

짜장면을 끊어내지는 말자. 살면서 내 생각만 우선되지 않아야 한다. 반드시 하고자 하는 것도 없어야 한다. 굳어지는 마음도 버려야 한다. 내가 우선되지도 말아야 한다. 이런 네 가지를 하지 않을 때 비로소 좋은 사람이 될 수 있다.

저 사람은 누굴까

——— 모두가 좋은 이성친구를 만나기를 희망한다. 좋은 사람을 만나면 좋겠지만 이상한 사람을 만나 상처 입을 확률도 크다. 상대를 알아보기 가장 쉬운 방법이 무엇일까.

첫째, 상대가 다른 사람을 어떻게 대하는지 유심히 살펴보자. 음식점에서 음식을 나르는 분들을 대하는 태도를 보면 어떤지 알 수 있다. 나에게만 잘해준다고 쉽게 넘어가면 안 된다.

둘째, 그 사람의 글을 살펴보자. 글에는 생각이 담긴다. 감추고자 해도 감춰지지 않는 것이 글이다. 글에는 상대의 특색이 그대로 드러난다. 그러니 편지든 어떤 기회든 만들어서 글을 살펴보자.

셋째, 부모님을 만나보자. 오랜 시간 후에 만나는 것보다 빨리 만나는 것이 훨씬 도움된다. 긴 시간이 지나면 경고센서가 노후화되어 잘 반응하지 않는다. 그러니 아직 경고센서가 잘 울릴 때 상대의 부모님을 한번 만나보면 내가 만나는 사람에 대한 폭넓은 이해가 가능해질 것이다.

넷째, 깊은 대화를 많이 해보자. 얕은 농담 말고 상대의 가치관, 신념, 삶의 목표 등을 이야기해 보자. 물론 말만 앞서는 사람일 수도 있다. 사람의 진심은 알기 어렵기에 이를 구분하기는 쉽지 않다. 대화를 하며 중요한 점은 그 말이 한결같은지를 살펴보는 일이다. 그 사람의 말과 행동이 일치할 때 그 말을 믿을 수 있다. 그 사람의 말과 행동을 함께 살펴보자.

마지막, 약속을 지키는지 살펴라. 그것이 시간 약속이든, 사소한 약속이든 관계없다. 약속의 이행 여부와 정도를 꼭 계산해서 따져야 한다.

이성과 만날 때 조심해야 할 점이 하나 있다. 로맨틱이라는 함정에 빠지면 안 된다. 로맨틱한 상황은 이성적인 판단을 불가능하게 만든다. 마치 홈쇼핑에서 마감시간이 정해지면 사고 싶지도 않은데 마음이 급박해지는 것처럼 말이다. 로맨틱한 상황이 와도 단호하게 대처하며 상대가 누군지 살펴야 한다.

—— 시간은 멈추지 않고 흐른다. 사람도 멈추지 않고 변한다. 10년이면 강산이 변하고 30년이면 세대가 바뀐다. 한 살 아기와 스무 살 성인이 됐을 때 몸과 마음은 다르다. 시간은 흐르고 그 속에 살아가는 사람도 흐른다.

사람은 끝없이 흘러야 한다. 흐르지 않으면 멈춤이고, 멈춤이란 곧 죽음과 같다. 우리의 몸과 마음은 늘 변한다. 노화가 찾아와 몸을 노후화시키고, 정신을 바짝 차리지 않으면 언제 어디서 코가 베일지 모른다.

시간은 영원하지 않다. 세상에서 절대 돈으로 살 수 없는 것 중 가장 중요한 것이 바로 시간이다. 스무 살에게 남은 시간은 3,200주이고 서른 살에게 남은 시간은 2,600주밖에 없다. 하루하루가 얼마나 아깝게

흘러가는지 알아야 한다. 인생을 낭비하지 말아야 하는 이유는 해야 할 일이 많기 때문이다.

흔히 킬링 타임이라는 말을 쓰곤 한다. 시간을 죽이기 위해 오락거리나 유튜브 영상 등을 보며 시간을 쓴다. 시간은 내가 가진 재화 중 가장 중요한 요소이다. 돈을 펑펑 함부로 쓰다가 내일 먹을 것도 없게 되듯이 시간을 함부로 쓰면 써야 할 때 쓰지 못하고 어느새 후회만 남기고 만다.

사람이 죽기 전에 후회하는 가장 큰 이유는 목표한 바를 이루지 못하고, 삶에서 이루고 싶었던 일에 도전하지 못했기 때문이다. 시간이 있을 때 새로운 일을 찾아 해보아야 한다. 우물쭈물하다가 묘비 앞에 서야 할지도 모른다. 여행을 가든, 공부를 하든, 취미를 갖든 다양한 일을 통해 성장에 힘써야 한다. 유흥거리가 아닌 성장이 되는 발판거리를 찾아 시도해야 한다. 시간을 길바닥에 버리지 말자.

죽음을 잊지 말아라. 죽음을 직면할 때 삶이 소중해진다. 죽음을 삶을 위한 도구로, 에너지로 활용해라. 인생은 죽음을 향한 여정이다. 죽음은 늘 나에게 손짓하고 있다. 시간을 죽이면 죽음은 더 빠르게 우리를 데려갈 것이다. 그러니 늘 소중히 시간을 활용해라. 쓸데없는 곳에 신경 쓰지 말고 내 할 일에만 힘쓰자.

이름답게 살자

——— 이름이란 누군가와 구분되어 불리어지는 명칭이다. 명(名)이라는 글자는 어두운 저녁에(夕) 구분하기 위해 말(口)하는 것에서 비롯되었다. 어두운 저녁은 잘 보이지 않는다. 태초에 예수님께서 '빛이 있으라.'라고 말씀하시기 전에는 깜깜한 어둠만 존재했다. 그 속에서 빛이여 라고 불렀기에 빛이 생겨났다. 사람도 마찬가지다. 명명되기 전 아무것도 없는 어머니의 배에서 나와 이름을 불러지며 세상에 태어난다. 그만큼 이름은 어둠에서 빛으로 향하는 개찰구 역할을 한다.

이름은 불러지는 이름다워야 한다. 그 이름대로 목적지에 이르러야 이름이다. 그 이름이라는 목표에 이르게 도착해야 이름이다. 그 이름대로 잘 가르쳐줄 때 일러준다고 말한다. 이 또한 이름이다.

내 이름은 '동일'이다. 다른 사람을 롤모델 삼아 잘 닮아가려고 노력한다. 그 사람과 동일해지도록 노력한다. 또한 동일이란 한결같다는 말이다. 늘 한결같음을 추구하려고 노력한다.

내가 가진 이름이 무엇인지를 살펴보는 시간이 필요하다. 그를 통해 내가 누구인지에 대해 알고, 내가 이름답게 살려면 어떻게 해야 하는지 생각해 볼 수 있다. 사전을 찾아보거나, 내 이름의 한자를 찾아보거나, 여러 가지 생각을 해보며 이름을 생각하는 시간을 갖자. 내가 누구인지 알아가는 시간이 될 것이다.

우연보다 강렬한 운명은 없다

――― 우연만큼 운명과 직결되는 단어가 존재하지 않는다. 우연이란 아무런 인과관계가 없이 뜻하지 않게 일어나는 일이다. 그런데 인과관계가 없는 일이 있을까. 나비가 한 번 날갯짓했을 때 지구 반대편에서 태풍이 일어난다는 나비효과처럼 아무런 연관도 없어 보이는 일이 연관되어 있을 수도 있다. 그 말은 우리가 인식하지는 못하지만 큰 관점에서 봤을 때는 그 일들이 연결되어 있을 수 있다는 말이다.

이 세상에 우연이란 존재하지 않는다. 모든 일은 필연적으로 일어나는 일이고 단지 우리가 인식하지 못하고 넘어갈 뿐이다. 우연(偶然)이라는 글자의 우(偶)는 허수아비, 짝짓다, 대하다의 뜻이 있다. 연(然)은 반드시 그러하다는 뜻이다. 반드시 짝지어지는 일이고, 반드시 그렇게 마주한다는 뜻이다. 허수아비와 같이 생각하지 못하면 아무것도 모르게 된다는 말이기도 하다. 우(偶)라는 글자도 재미있는데 사람(人)과 어리석다(愚)는 글자가 합쳐졌다. 어리석은 사람이 짝을 짓는다. 혹은 어리석은 사람이 그러하게 하다는 뜻이 우연이다. 어리석기에 그 일을 인식하지 못한다. 어리석은 허수아비가 깨어나 시간이 지나 생각해 보면 그 일이 우연이 아니었음을 알게 된다.

우리는 늘 일의 인과를 살펴야 한다. 갑자기 생겨난 이 일이 어떤 결과의 시작인지를 살필 때 우리는 인과를 살핀다고 말한다. 인과를 살피며 우연의 결과를 미루어 짐작해 보는 과정을 통해 뜻하지 않게 일어나는 일들을 내 뜻 안에서 처리할 수 있는 지혜를 갖추자.

정리정돈이 중요한 이유

——— 「금강경」의 첫 구절에 깨끗한 옷차림과 세족에 대해 나온다. 이것이 인간의 기본이며 이러한 사항이 갖춰져야 그다음 가르침을 주거나 진리를 깨우쳐 주는 단계가 가능해진다.

> 아침에 세존께서 발우를 들고 사위성에 들어가 탁발을 하시며 공양물을 받고 처소에 돌아와 공양을 드신 후 가사와 발우를 정돈하신 뒤 발을 씻으시고 자리를 펴고 앉으셨다.
>
> -「금강경」-

「금강경」의 첫 번째 구절에는 이런 말이 나온다. 탁발을 하시어 식사를 하신 뒤 옷차림을 정돈한 다음 세족을 하셨다. 항상 책을 쓸 때 첫 구절을 무엇으로 할지를 고민한다. 그만큼 첫 구절이 중요하다. 많고 많은 글 중에 왜 그 글일까. 처음에 말하는 것이 핵심이다. 「금강경」에서는 사람의 기본인 청결과 정리정돈을 말했다.

정리란 버리는 일이고 정돈이란 남은 물건을 분류해서 제자리에 두는 일이다. 정리를 통해 버릴 것과 남길 것을 구분한다. 가장 쉽게 버리려면 우선 짐을 다 모아 버린 다음 남길 물건을 찾아 가지고 올라오면 된다. 모든 물건에는 제자리가 있다. 가지런하게 바로잡아 흩어진 것을 모으고, 못쓰는 것을 다시 고쳐 사용할 수 있게 만들어 내는 과정이 정돈이다.

이런 정리정돈이 된 다음 사람의 청결을 이야기할 수 있다. 청결은 사람의 기본이다. 고양이가 얼마나 청결한지 아는가. 화장실에 가서 뒤처리까지 하는 것이 고양이다. 늘 자기 몸을 핥아 청결을 유지한다. 동물도 그러한데 하물며 사람은 어때야 하겠는가.

깔끔하게 씻고 손발 잘 닦고 깨끗한 옷차림으로 생활해야 한다. 그래야 깨끗한 마음으로 살아갈 수 있다.

――― 우리 주변에서 가장 끈질긴 생명체를 떠올려보면 1순위로 잡초를 선택한다. 콘크리트 사이에서도 자라며, 심지어는 하수구에서도 잡초가 나는 경우를 종종 본다. 끈질긴 생명력을 가진 잡초는 어떠한 생명체보다 강하다.

군대에서는 예초병이 따로 있는데 겨울을 제외하고 봄, 여름, 가을에 수시로 잡초를 제거한다. 쉽게 잘리지도 않고, 성장 속도도 빨라 하루가 지나면 다시 자라있다. 예초병들에겐 잡초가 주적이었다.

이처럼 잡초는 어떤 환경이든 적응하며 생존한다. 사전적으로 잡초는 가꾸지 않아도 저절로 나서 자라는 풀을 말한다. 환경이 어떻든 간에 의존하지 않고 독립적으로 살고, 주체적으로 성장한다.

적자생존이라는 말이 있듯이, 적응하는 종만이 생을 유지하며 살아간다. 어떤 환경에서도 적응하고 끈질기게 버텨낸 잡초에게서 많은 점을 배워야 한다.

첫째, 잡초는 인내심이 강하다. 잡초는 1평 정도 되는 땅 속에 수십, 수 만개의 씨앗이 숨어 있다. 땅속에서 발아에 적합한 환경이 올 때까지 1년이든 10년이든 어떤 불평도 하지 않은 채 끈질기게 기다린다. 잡초처럼 때를 기다릴 줄 아는 인내심을 가져야 한다.

둘째, 잡초는 가리지 않는 다양성을 가진다. 잡이라는 글자 자체가 섞다는 뜻이 있다. 혼자 자라는 잡초는 없다. 늘 누군가와 함께 섞이고 성장해 땅을 푸르게 덮는다. 나무든, 꽃이든 어떤 식물이든 잡초와 함께 자란다.

셋째, 어떤 고난과 시련이 와도 꿋꿋하게 자라난다. 예초병이 와서 칼날로 치든, 손으로 뽑든, 제초제를 뿌리든 신경 쓰지 않고 다른 곳에서 다시 성장하거나 땅에서 때를 기다린다.

잡초처럼 끈질기게 살아가자. 무엇이든 수용하고 고난을 이겨내는 잡초 같은 삶을 살 때 어디서든 살아남을 수 있다.

취하지 않는 삶이어야

——— 술에 취해 밤을 지새운다는 말이 있다. 물론 그다음 날 숙취는 책임져야 하겠지만 말이다. 우리는 살면서 무언가에 취하곤 한다. 그것이 술이든, 성공이든, 실패든, 욕망이든 어떤 것이든 선택을 하고, 그 선택이 지나칠 때 취하게 된다.

취하게 되면 푹 빠져서 마음이 쏠린다. 정신을 차리지 못해 넋조차 빼앗기고 흐려진다. 필름이 끊긴다고 하는데 술뿐만 아니라 다른 것들에도 취하곤 한다.

우리는 늘 취하지 않게 스스로를 경계해야 한다. 술을 과하게 먹어 취하면 건강을 잃지만 성공에 취하면 삶을 잃고 욕망에 취하면 명예를 잃는다. 취해서도 안 되지만 어떤 것을 자기 것으로 만들기 위해 취해서도 안 된다. 취하지 않으려면 기본을 지켜야 하고 초심을 잃지 말아야 한다.

세계적인 축구선수 손흥민은 재능이 아니라 각고의 노력으로 피어난 선수다. 물론 그 이면에는 손흥민 선수의 아버지인 손웅정 감독의 가르침이 숨어 있다. 손웅정 감독이 하는 이야기는 기본을 지키자는 것이었다. 축구에서 무엇보다 기초가 되는 것은 공을 다루는 능력과 체력 같은 기본기였다. 기본을 지키지 않으면 어떤 일도 이룰 수 없다.

어떤 일을 새롭게 시작할 때의 마음은 힘이 넘친다. 혹독한 겨울의 땅을 지나 새롭게 뚫고 올라오는 새싹처럼 강한 에너지를 갖고 시작한다. 의지, 힘, 방향성을 이루어지는 초심은 무엇도 막을 수 없다.

문제는 익숙해지면서 초심을 잃는 데 있다. 초심이 없어지면 에너지를 잃는다. 성공한 사람들이 위험한 이유는 과거의 성공경험으로 다가오는 일들을 헤쳐나가려고 하기 때문이다. 초심자였던 때처럼 조심히 준비하는 태도가 아니라 한 성공했으니 다시 한번 성공할 수 있다는 착각 때문이다.

초심을 계속 유지하는 방법은 간단하다. 우리의 시작은 90%의 완성을 이루는 것까지로 마음을 바꿔야 한다. 시작이 반이 아니라 90%가 반이다. '나는 꼭 잘하다가 마무리가 안 돼.'라고 생각하는 사람이 많다. 이는 누구나 그렇다. 누구나 마지막을 마무리하기가 어렵다. 용두사미라는 말이 괜히 있을까.

늘 초심을 잊지 말아야 한다. 눈을 감고 처음 일을 시작할 때, 연애를 시작할 때, 결혼을 시작할 때를 생각해 보자. 그때의 파릇파릇하고 매사가 새로워 즐거웠던 마음이 있어야 인생에 취하지 않고 정신을 똑바로 차리고 간다.

취한 상태로 호랑이 굴에 들어가면 여지없이 잡아먹힌다. 호랑이 굴에 들어가도 정신을 똑바로 차리라는 말은 어떤 것에도 취하지 말고, 늘 기본을 지키며, 꾸준히 나아가라는 말이다.

늘 겸손해야 하는 이유 또한 초심 때문이다. 초심자는 아는 게 없기에 겸손하다. '나 그거 알아.'라는 태도가 아니라 하나라도 더 배우려고 애쓴다. 그래서 성공한 사람들은 늘 겸손하다. 취하지 말자. 언제 호랑이 같은 위험이 우리를 잡으러 올지 모른다.

인생이란 경작이다

인생은 경작과 같다. 우리는 삶을 경작하는 농부와 같이 살아야 한다.

경작이란 땅을 갈아서 농사를 짓는 일이다. 여기서 알아야 할 점은 농사의 시작은 작물을 심는 일이 아니라 밭을 가는 일이다. 경(耕)이라는 글자도 밭을 간다는 뜻이다. 건물을 세우려면 터부터 다지고 그림을 그리려면 붓보다 하얀 도화지를 먼저 준비하는 것처럼 말이다.

밭을 가는 이유는 속에 박힌 돌을 골라내기 위함이다. 돌이 들어 있으면 작물이 잘 성장하지 못한다. 쓸데없는 돌을 골라낸 다음에 비로소 농사가 시작된다.

먼저 하지 않아야 할 것들을 골라낸 다음 해야 할 일을 시작하는 것이 모든 일의 과정이다. 인생을 가로막는 장애물이 무엇인지부터 파

악한 다음 어디로 갈지, 어떻게 갈지를 정해야 한다.

농사에는 인생의 지혜가 담겨 있다.

첫째, 농사에는 긴 시간이 필요하다. 그리고 농사의 긴 시간을 기다릴 인내심이 필요하다. 오늘 씨 뿌리고 내일 수확할 수 없다. 봄에 씨 뿌리고, 여름에 잡초 뽑고, 가을에 수확해 겨울에 저장한다. 이러한 긴 과정을 차분하게 기다릴 줄 알아야 한다.

둘째, 농사는 손이 많이 간다. 잡초가 끝없이 올라오기에 수시로 뽑아야 하고, 땅이 메마르지 않게 물을 줘야 한다. 작물이 죽지 않도록 가꿔야 하고 더 성장하게 비료도 주고 농약도 뿌려야 한다. 그 대신 손이 간만큼 수확이 정해진다. 얼마나 노력했는가에 따라 달라질 수 있다.

셋째, 내가 내 땅에 심은 것만 수확할 수 있다. 콩 심은 데 콩 나고 팥 심은 데 팥 난다. 콩 심고 팥이 나도록 기도해도 아무 소용이 없다. 농사짓다 우연한 행운이 찾아올 수도 있다. 갑자기 튀어나온 토끼가 밭 한가운데 있는 그루터기에 머리를 부딪쳐 죽었다. 우연한 행운이었지만 이를 계속 바라며 농사도 안 짓고 그루터기만 바라보는 어리석음을 범하지 말아야 한다.

넷째, 예상하지 못한 재해가 닥칠 수 있다. 기껏 키워놓았는데 홍수가 나면 어느 것도 구할 수 없다. 그럼에도 불구하고 포기하지 않고 키워야 한다. 건질 수 있는 것만이라도 건져 다음을 기약해야 한다. 1년 농사가 끝이 아니기 때문이다. 재난은 잠시지만 농사는 영원하다.

다섯째, 농사는 경계가 필요하다. 내 밭을 관리해야지 남의 밭까지 건들면 싸움 난다. 물론 어려운 이웃을 도와줄 수는 있지만 우선 내 밭부터 잘 관리해야 한다. 내 밭이 어디까지인지, 한계가 어디까지인지 명확히 인식해야 한다. 내 밭을 오염시키는 것들에 대해선 단호히 대처해야 한다.

여섯째, 적절한 도구가 필요하다. 도구를 쓰기에 인간이라 불린다. 어느 누구도 맨손으로 농사지을 수 없다. 호미로 막을 일 가래로 막는다. 이때 가래가 없으면 막지도 못한다. 어느 때에 어떤 도구가 필요한지 아는 지혜가 필요하다.

일곱째, 적절한 돈이 필요하다. 돈이 없으면 비료도 못 사고, 장비도 못 사고, 씨앗도 못 산다.

여덟째, 1년 농사가 끝나도 다시 새로운 시간을 준비해야 한다. 끝난 게 끝난 게 아니다. 가을에 수확한 작물을 겨울에 제대로 보관하지 않으면 이듬해에 뿌릴 씨앗이 없다. 다음 봄을 기약하며 겨울을 잘 준비해야 한다.

아홉째, 때를 알고 그에 맞는 계획이 필요하다. 계획이 있어야 씨 뿌려야 할 때 씨 뿌리고, 수확해야 할 때 수확한다. 때를 모르는 사람을 철부지라 한다. 옛 조상들이 24절기를 이야기한 것도 다 때를 알기 위함이었다.

마지막, 농사는 오로지 혼자만의 싸움이다. 나는 나의 밭을 경작해 나의 수확물을 거두어야 한다. 누구도 대신해주지 않는다. 내가 노력한 만큼 들어온다. 주체적이지 않으면 안 된다. 내가 혼자 계획을 세우고, 그 계획에 맞게 실천해야 한다. 계획만 하고 실천하지 않으면 아무것도 없다.

농사와 재배는 다르다. 농사는 씨앗을 심어 기르고 거두는 일이지만 재배는 식물을 심어 가꾸는 일이다. 농사에는 결과물이 포함되어 있지만 재배는 성장에 치중되어 있다.

재배는 양성이다. 배(培)는 북을 돋울 배인데, 여기서 '북'이란 식물의 뿌리를 싸고 있는 흙을 말한다. 식물을 잘 키워 성장시키는 일이 바로 재배다.

인격을 배양한다고 말하는데, 이는 인공적인 힘을 가해 발전하도록 이끄는 일이다. 씨앗이 뿌려져서 저절로 자라는 생명력이 있지만 이를 더 성장시키는 배양력도 필요하다.

사람이 잘 성장하려면 인공적인 힘이 필요하다. 바로 교육이다. 어떤 교육을 얼마나 받는가에 따라 잘 북돋아져 꽃을 피울지, 내년을 기약할지가 결정된다.

어떻게 하면 잘 북돋아 줄 수 있을까.

첫째, 잔소리부터 막아야 한다. 어떤 잔소리도 사람을 북돋지 못한다. 기운을 높여줘야 하는데 오히려 기운을 깎아버리는 잔소리는 없애야 한다.

둘째, 즉각적인 피드백이 필요하다. 잔소리 대신 늘 상대가 필요하다고 생각하는 것을 준비해야 한다. 그 후 상대가 물었거나 요청했을 때 즉각적으로 제시해야 한다.

셋째, 우산을 거둬야 한다. 적절한 보호는 필요하지만 과보호는 성장을 지연시키는 원인이다. 모든 것을 해주 것보다 스스로의 힘을 키우고 견뎌낼 힘을 갖게 만드는 일이 필요하다. 빠질 때 빠질 수 있는 지혜가 있어야 한다.

넷째, 단단하게 지지해 줄 수 있는 땅이 되어야 한다. 땅이 흔들리면 안 된다. 땅은 만물이 살아가는 터전이다. 그런 땅이 흔들리면 생물도,

식물도 불안에 떨며 살아갈 수 없다. 아이에게 터전이란 곧 부모다. 부모는 절대 흔들리면 안 된다. 제대로 북돋기 위해서는 부모가 제대로 북돋아져 있어야 한다. 부모의 믿음이 흔들릴 때 아이도 같이 흔들린다.

밭을 경작하고 재배하는 농부처럼 인생농사를 잘 지어야 한다. 우리의 경작은 풍요를 위해서다. 풍요는 넉넉함과 풍성함이다. 풍요를 위한 경작에 힘써야 한다. 우리를 가로막는 장애물을 걷어낸 다음 비로소 풍요로 가는 길에 올라설 수 있다.

건강한 삶

——— 건강하려면 정신적으로나 육체적으로나 아무 탈이 없이 튼튼해야 한다. 탈(頉)이란 몸에 생긴 병을 말한다. 이 글자는 머리(頁)가 멈췄다(止)는 뜻이다. 생각하지 못해서 문제가 생긴다. 건강해야겠다는 생각이 없으면 몸을 아끼지 않고 사용한다. 인간이라는 육체가 영원한 줄 알고 펑펑 쓴다. 하지만 우리의 몸은 한정된 소모품이라는 사실을 잊지 말아야 한다. 우리가 아끼는 만큼 사용할 수 있다.

좋은 사람보다 나쁜 사람 만나지 않아야 하는 것처럼 건강도 마찬가지이다. 좋은 음식 먹는 것보다 나쁜 음식 먹지 않는 것이 훨씬 중요하다.

몸을 건강하게 유지하려면 운동을 하고 건강한 음식을 먹는다. 마음을 건강하게 유지하려면 독서를 해야 한다. 무엇보다 중요한 것은 독을 먹지 않아야 한다. 건강을 해치는 음식을 먹거나, 정신을 오염시키는 매체, 상황을 접하면 우리의 몸과 마음은 죽음을 향해 강하게 액셀을 밟는다.

글쓰기

——— 생각을 정리하기 가장 쉬운 방법은 글쓰기다. 책을 읽었으면 그에 상응하는 글이 나와야 한다. 고로 책을 읽는 사람은 모두 글을 써야 한다. 밥을 먹으면 소화를 시켜야 하고, 책을 읽으면 그 생각을 정리해 글을 쓴다.

책을 읽는 것은 생각의 방에 여러 가지 지식을 쌓아두는 과정이다. 글쓰기는 쌓아둔 물건들을 용도에 맞게 분류해서 정돈하는 일이다. 정돈되지 않은 지식은 시간이 흐르면 낡고, 먼지만 쌓여 자연스럽게 버릴 수밖에 없다.

우리가 어렴풋이 아는 것과 명확하게 아는 것을 구분하는 가장 좋은 방법은 '그 앎에 대해 설명할 수 있는가.'이다. 우리는 누구나 자본주의에 대해 알고 있지만, 명확하게 자본주의가 무엇이고, 어디서부터 시작되었고, 어떤 장, 단점이 있으며, 향후 어떻게 될 것인지에 대한 명확한 설명은 어렵지만 자본주의에 대해 공부한 다음 글을 쓰면 자본주의가 무엇인지에 대해서는 말할 수 있다.

오랫동안 기억하려면 남을 가르쳐야 한다. 학창시절 들었던 내용보다 내가 한번 발표했던 과제들은 오랜 시간이 흘러도 기억에 자리한다. 지금 생각하면 정말 부족했던 과거의 발표를 되새기며 부끄러워지곤 하는데 이런 가르침의 기억들은 쉽게 잊히지 않는다.

글을 쓰며 스스로에게 설명한다. 나를 제대로 이해시키면 상대방도 이해시킬 수 있다. 설명의 과정으로 설득을 배우고, 삶을 논리적으로 살도록 도와준다. 그래서 글을 써야 한다.

글을 쓸 때는 매 순간이 의심이다. 『쓰고 싶다, 쓰고 싶지 않다』라는 책이 있는데 글 쓰는 사람의 마음을 대변하는 제목이다. 그래도 쓰고 난 다음 돌아보면 조금은 성장하지 않았나 하는 생각을 한다.

생각을 정리하여 글을 쓰면 다른 많은 분야도 함께 정리된다. 인생을 정리하기 위해 글을 한번 써보자.

에필로그

내가 살면서 간과한 것들은 무엇인가. 내가 인생을 살며 뛰어넘은 것들은 무엇이 있는가. 내가 두들기지 못한 돌다리는 어떤 돌다리였는가. 방향성을 설정하고 삶에서 꼭 필요한 것들을 알아가는 시간이 청춘이다. 청춘이라는 새싹이 올라오는 시간에 고민해야 하는 문제이고, 그때 하지 못했다면 지금이라도 해야 한다.

바람이 끊이지 않는 세상에서 흔들리지 않으려면 무게추가 필요하다. 인생의 무게추는 곧 기준을 말한다. 내가 가진 기준이 얼마나 단단하게 땅에 박혀 있는가에 따라 태풍이 와도 흔들리지 않는다. 나 자신을 바르게 세우고, 스스로의 지혜를 기준으로 삼으며 나아가는 삶이어야 공허하지 않은 삶이 된다.

인생은 매 순간 선택의 연속이다. 오늘 어떤 옷을 입을지, 점심 메뉴는 무엇을 고를지, 퇴근할 때는 어떤 방법으로 할지와 같은 사소한 선택이 있는가 하면 어떤 배우자와 결혼할지, 어떤 태도로 살아야 할지, 어떤 직업을 가져야 할지와 같은 인생에 많은 영향을 미치는 질문이 있다. 그런 선택지가 주어졌을 때 당황이나 혼란 없이 자연스레 좀 더 나은 길로 가는 방법은 오직 공부밖에 없다. 많은 책을 읽고, 그러한 앎을 바탕으로 경험하고, 이를 반복해서 숙달할 때 비로소 공부가 된다.

수많은 선택지 속에서 우리는 어떤 선택을 해야 할까. 어떤 선택이 제대로 된 선택인지는 시간이 흐른 뒤에 알 수 있다. 인생은 전화위복이기 때문에 훗날 삶을 되돌아봤을 때 알 수 있다. 선택하려면 많이 알아야 하고, 많이 알려면 더 많이 공부해야 한다. 알아야 면장을 한다. 면장이란 『논어』에 나오는 말이다. 공자가 아들에게 공부하지 않으면 담벼락을 마주하고 선 것처럼 앞이 보이지 않는 상태를 면하지 못한다고 말한 것에서 유래한다.

우리가 하는 모든 공부는 지인(知人)을 위함이다. 내 곁에 있는 사람들을 알아보는 것을 시작으로 해보자. 누구와 함께하고 있는가. 내가 함께하고 있는 그 사람은 대체 누구인가. 이렇게 하고 있는 것이 맞는가.

공부의 '공(工)'은 장인을 의미한다. 장인은 무언가를 계속 만들어 내는 직업으로 전문가를 뜻한다. '부(夫)'는 남편, 스승이라는 뜻을 갖고 있다. 이 두 글자를 합치면, 공부란 전문성을 갖고 누군가를 가르칠 수 있게 만들어 가는 일이라고 해석할 수 있다. 내가 공부한 내용을 통해 전문가가 되고, 그러한 전문성을 내 주변에 퍼트려 주변 사람을 성장시키고, 그들에게 영향력을 끼치는 일이 바로 공부다.

우리가 공부하는 이유는 우리가 맺고 있는 관계들에 선한 영향력을 행사하기 위함이다. 함께 성장하기 위함이며, 함께 나아가기 위함이다. 내가 혼자 하는 장거리 운전보다 내 친구, 가족과 함께하는 운전이 덜 힘들고, 필요하다면 운전자를 바꿔서라도 나아갈 수 있다.

결정을 하려면 선택지가 무엇이 있는지부터 알아야 한다. 여러 선택지 중에서도 지금 내게 맞는 선택지로 줄일 수 있는 지혜도 있어야 한다. 기준을 바로 세우고 걸어가되, 마주치는 장애물에 지혜롭게 대처할 수 있는 공부하는 삶이어야 잘 살아간다.

공자가 『논어』에서 말하고자 하는 것은 무엇이었을까. 내 생각에는 한 마디로 귀결된다. '제발 공부해서 사람답게 삽시다.' 그래서 『논어』의 첫 구절이 '학이시습지 불역열호'다. 공부하여 때에 맞게 익히니 어찌 기쁘지 않을 수 있을까. '얘들아! 우리 공부하며 살자. 그래야 기쁜 일을 마주하며 살아간다!' 제대로 배우고 제대로 익혀야 한다. 세상에 많은 도구들이 있음을 배우고, 도구들을 전문가처럼 쓸 수 있을 때 못이든, 나사든, 문제든 해결할 수 있다. 그러니 간과한 것들을 하나씩 살펴보며 되돌아보고, 내 앞에 있는 돌다리들을 알아볼 수 있도록 공부하는 삶을 살자.

감사의 말

매트 헤이그는 『위로의 책』에서 이렇게 말한다. '말할 수 없다면 글을 쓰면 된다. 쓸 수 없다면 읽으면 된다. 읽을 수 없다면 들으면 된다.' 말을 제대로 못 했기에 들었고, 듣다 보니 읽었고, 읽다 보니 쓰게 되었다. 쓰다 보면 말을 할 수 있으리라. 어찌 보면 글을 쓰는 매 순간이 도전인지 모르겠다.

도전이란 정면으로 맞서 싸움을 거는 일이다. 싸움을 벌이는 이유는 싸움에서 승리하여 도드라지고 싶기 때문이다. 도전이란 말 자체가 도드라지기 위한 싸움이다. 늘 삶이 던지는 문제들에 도전하는 삶을 희망한다.

늘 곁에서 멋진 모습을 보여주시는 이호 삼촌과 한결같음을 보여주시는 이수현 선생님, 권지현 회장님께 감사를 올린다. 석사의 길을 마치고 박사의 길을 멋지게 걸어가는 동생 현정, 고맙습니다.

자료출처

47쪽, 57쪽, 59쪽, 83쪽, 85쪽, 94쪽, 195쪽, 238쪽, 240쪽, 에픽테토스 지음, 키와 블란츠 옮김, 『에픽테토스의 인생을 바라보는 지혜』, 메이트북스, 2019

59쪽, 80쪽, 김단 지음, 『관계력』, 클레이하우스, 2023

119쪽, 존 리비 지음, 『당신을 초대합니다』, 천그루숲, 2021

199쪽, 아르투어 쇼펜하우어 지음, 박제헌 옮김, 『남에게 보여주려고 인생을 낭비하지 마라』, 페이지2북스, 2023

228쪽, 밥 프록터 지음, 『위대한 확언』, 페이지2북스, 2022

참고문헌

조윤제 지음, 『사람 공부』, 청림출판, 2023

김단 지음, 『관계력』, 클레이하우스, 2023

김단 지음, 『역주행의 비밀』, 스노우폭스북스, 2023

존 리비 지음, 『당신을 초대합니다』, 천그루숲, 2021

헤럴드 제닌 지음, 『매니징』, 센시오, 2019

매트 헤이그 지음, 『위로의 책』, 비즈니스 북스, 2022

충페이충 지음, 권소현 옮김, 『심리학이 분노에 답하다』, 미디어숲, 2022

아르투어 쇼펜하우어 지음, 박제헌 옮김, 『남에게 보여주려고 인생을 낭비하지 마라』, 페이지2북스, 2023

허필우 지음, 『한 번 읽은 책은 절대 잊지 않는다』, 알에이치코리아, 2023

브로니웨어 지음, 홍윤희 옮김, 『지금 이 순간을 후회 없이』, 트로이 목마, 2019

와키 교코 지음, 오민혜 옮김, 『선 긋기의 기술』, 알에이치코리아, 2018

로빈 드리케, 캐머런 스타우스 지음, 고영훈 옮김, 『FBI 사람예측 심리학』, 코리아닷컴, 2020

홍현태 지음, 『내가 아니면 누가 나를 챙겨줄까』, 딥앤와이드, 2023

이리앨 지음, 『울트라셀프』, 다산북스, 2023

장자치 지음, 박소정 옮김, 『관계가 상처가 되기 전에』, 유노책주, 2023

잭 캔필드, 마크 빅터 한센 외 지음, 고도원, 안종설 옮김, 『행운은 인연으로 온다』, 흐름출판, 2008

롤프 도벨리 지음, 유영미 옮김, 『불행피하기 기술』, 인플루엔셜, 2018

데이비드 고긴스 지음, 이영래 옮김, 『누구도 나를 파괴할 수 없다』, 웅진지식하우스, 2023

세스 스티븐스 다비도위츠 지음, 이영래 옮김, 『모두 거짓말을 한다』, 더퀘스트, 2018

문유석 지음, 『개인주의자 선언』, 문학동네, 2015

책 읽는 원숭이 지음, 정현옥 옮김, 『혼자 공부하는 시간의 힘』, 웅진 지식하우스, 2021

토니 로빈스 지음, 강성실 옮김, 『거인이 보낸 편지』, 알에이치코리아, 2023

지니 그레이엄 스콧, 테렌스 L. 가르지울로 지음, 안진환 옮김, 『나쁜 사람들』, 미래와경영, 2012

김은애 지음, 『일 잘하는 사람은 논어에서 배운다』, 알에이치코리아, 2024

윤춘호 지음, 『어떤 어른』, 개마고원, 2021
판덩 지음, 이서연 옮김, 『나는 논어를 만나 행복해졌다』, 미디어숲, 2023
요란 에버달 지음, 이나경 옮김, 『라곰 행복론』, 세종서적, 2018
아옐릿 피시배크 지음, 김은영 옮김, 『반드시 끝내는 힘』, 비즈니스북스, 2022
윤태성 지음, 『미라클 씽킹』, 시크릿하우스, 2023
김혜남 지음, 『만일 내가 인생을 다시 산다면』, 메이븐, 2022
폴커 키츠 지음, 장혜경 옮김, 『설득의 법칙』, 포레스트북스, 2023
김형석 지음, 『김형석의 인생문답』, 미류책방, 2022
소노 아야코 지음, 김욱 옮김, 『약간의 거리를 둔다』, 책읽는고양이, 2016
소노 아야코 지음, 오유리 옮김, 『나다운 일상을 산다』, 책읽는고양이, 2019
소노 아야코 지음, 오유리 옮김, 『알아주든 말든』, 책읽는고양이, 2019
소노 아야코 지음, 오경순 옮김, 『좋은 사람이길 포기하면 편안해지지』, 책읽는고양이, 2018
소노 아야코 지음, 김욱 옮김, 『무인도에 살 수도 없고』, 책읽는고양이, 2020
소노 아야코 지음, 오경순 옮김, 『넌 안녕하니』, 책읽는고양이, 2023
소노 아야코 지음, 김욱 옮김, 『노인이 되지 않는 법』, 리수, 2021
정신과 의사 토미 지음, 안소현 옮김, 『좋은 운은 좋은 사람과 함께 온다』, 서삼독, 2022
에드 마일렛 지음, 박병화 옮김, 『'한 번 더'의 힘』, 토네이도, 2022
고도원 지음, 『절대고독』, 꿈꾸는책방, 2017
유영만, 박용후 지음, 『언어를 디자인하라』, 쌤앤파커스, 2022
박상미 지음, 『마음아, 넌 누구니』, 한국경제신문, 2020
박상미 지음, 『모든 인생에는 의미가 있다』, 북스톤, 2016
최동석 지음, 『말이 힘이 될 때』, 클랩북스, 2023
히구치 유이치 지음, 홍성민 옮김, 『사람이 따르는 말 사람이 떠나는 말』, 레몬한스푼, 2023
데이먼 자하리아데스 지음, 안솔비 옮김, 『멘탈을 회복하는 연습』, 2023, 서삼독
질 볼트 테일러 지음, 진영인 옮김, 『나를 알고 싶을 때 뇌과학을 공부합니다』, 윌북, 2022
마샤 리네한 지음, 정미나, 박지니 옮김, 『인생이 지옥처럼 느껴질 때』, 비잉, 2022
데이비드 바드르 지음, 김한영 옮김, 『생각은 어떻게 행동이 되는가』, 해나무, 2022
이인석 지음, 『밸런스』, 포르체, 2023
유영만 지음, 『삶을 질문하라』, KHRD, 2023
로랑스 드빌레르 지음, 이주영 옮김, 『모든 삶은 흐른다』, FIKA, 2023
토르스텐 하베너 지음, 송경은 옮김, 『생각을 읽는다』, 마일스톤, 2016
나흥식 지음, 『What am I』, 이와우, 2019

조지프 캠벨 지음, 데이비드 쿠들러 엮음, 노혜숙 옮김, 『블리스, 내 인생의 신화를 찾아서』, 아니마, 2014

보도 섀퍼 지음, 박성원 옮김, 『나는 해낼 수 있다』, 소미미디어, 2023

라이언 홀리데이, 스티븐 핸슬먼 지음, 장원철 옮김, 『데일리 필로소피』, 다산초당, 2021

라이언 홀리데이, 스티븐 핸슬먼 지음, 조율리 옮김, 『스토아수업』, 다산초당, 2021

김민식 지음, 『외로움 수업』, 생각정원, 2023

브랜트 멘스워 지음, 최이현 옮김, 『블랙쉽』, 필름, 2022

센티멘탈 지음, 『인간관계에도 설명서가 필요합니다』, 새벽세시, 2021

니시자와 야스오 지음, 황세정 옮김, 『작은 변화가 큰 성공을 만든다』, 씽크뱅크, 2023

사이토 히토리 지음, 김진아 옮김, 『괜찮아, 분명 다 잘될거야!』, 나비이펙트, 2022

박찬국 지음, 『사는 게 고통일 때, 쇼펜하우어』, 21세기북스, 2021

배기호 지음, 『순자 악함에 대처하는 우리의 자세』, EBS BOOKS, 2022

양자오 지음, 김택규 옮김, 『순자를 읽다』, 유유, 2019

유광수 지음, 『복을 읽어드리겠습니다』, 유영, 2021

이동진, 김중혁 지음, 『질문 하는 책들』, 위즈덤하우스, 2016

미치코 가쿠타니 지음, 김영선 옮김, 『서평가의 독서법』, 돌베개, 2023

리넷 존스 지음, 경기욱, 최승문 옮김, 『햅틱스』, 김영사, 2020

조 내버로, 토니 시아라 포인터 지음, 허성심 옮김, 『자기설계자』, 흐름출판, 2022

데이비드 맥레이니 지음, 이수경 옮김, 『그들의 생각을 바꾸는 방법』, 웅진지식하우스, 2023

고영건 지음, 『플로리시』, 학지사, 2018

장동선 등 지음, 『행복은 뇌 안에』, 글항아리, 2023

마루야마 슌이치 지음, 송제나 옮김, 『개인주의자의 철학수업』, 지와인, 2023

마이클 슈어, 염지선 옮김, 『더 좋은 삶을 위한 철학』, 김영사, 2023

에릭 와이너 지음, 김하현 옮김, 『소크라테스 익스프레스』, 어크로스, 2021

고도원 지음, 『고도원 정신』, 해냄, 2023

한병철 지음, 이재영 옮김, 『고통 없는 사회』, 김영사, 2021

요한 하리 지음, 김하현 옮김, 『도둑맞은 집중력』, 어크로스, 2023

스콧 애덤스 지음, 김인수 옮김, 『더 시스템』, 2020

토드 로즈 지음, 노정태 옮김, 『집단착각』, 21세기북스, 2023

안데르스 한센 지음, 김아영 옮김, 『인스타브레인』, 동양북스, 2020

엘리자베스 리커 지음, 이영래 옮김, 『최강의 브레인해킹』, 비즈니스북스, 2023

티아고 포르테 지음, 서은경 옮김, 『세컨드 브레인』, 2023

유광수 지음, 『아버지는 이렇게 말씀하셨다』, 삼인, 2023

제임스 알렌 지음, 안희탁 옮김, 『원인과 결과의 법칙』, 지식여행, 2013
에드 트로닉, 클로디아 M. 골드 지음, 정지인 옮김, 『관계의 불안은 우리를 어떻게 성장시키는가』, 2022
팀 켈러, 캐시 켈러 지음, 『팀 켈러, 오늘을 사는 잠언』, 두란노, 2018
R. D. 프레히트 지음, 윤순식, 원당희 옮김, 『내가 아는 나는 누구인가』, 교학도서, 2022
유영만 지음, 『끈기보다 끊기』, 문예춘추사, 2023
박찬욱 지음, 『박찬욱의 몽타주』, 마음산책, 2005
메리 파이퍼 지음, 허윤정 옮김, 『나는 내 인생이 참 좋다』, 티라미수, 2023
정호승 지음, 『내가 사랑하는 사람』, 김영사, 2021
마크 브래킷 지음, 임지연 옮김, 『감정의 발견』, 북라이프, 2020
기시미 이치로 지음, 부윤아 옮김, 『철학을 잊은 리더에게』, 다산북스, 2022
슈프리도 지음, 박선영 옮김, 『니체의 삶』, 비잉, 2022
제시 워렌 티블로우 지음, 이동진 옮김, 『연결의 힘 4C』, 이너북, 2017
쑤쑤 지음, 최인애 옮김, 『인생을 바르게 보는 법 놓아주는 법 내려놓는 법』, 다연, 2013
디팩 초프라, 미나스 카파토스 지음, 조원히 옮김, 『당신이 우주다』, 김영사, 2023
임광묵 지음, 『어떻게 알았고, 누구의 통찰인가?』, 생각나눔, 2023
David Grand, PhD. 지음, 서주희, 고경숙 옮김, 『브레인스포팅』, 학지사, 2021
임자헌 지음, 『괜찮은 사람이 되고 싶어서』, 나무의 철학, 2020
주언규 지음, 『슈퍼노멀』, 웅진지식하우스, 2023
스테파니 몰턴 사키스 지음, 이선주 옮김, 『상처받은 관계에서 회복하고 있습니다』, 현대지성, 2023
엘리사 에펠 지음, 이미숙 옮김, 『7일만에 끝내는 스트레스 처방전』, 앤의서재, 2023
마리사 피어 지음, 이수경 옮김, 『나는 오늘도 나를 응원한다』, 비즈니스북스, 2011
스티븐 머피 시게마쓰 지음, 김정환 옮김, 『스탠퍼드식 리더십 수업』, 로크미디어, 2022
양창순 지음, 『담백하게 산다는 것』, 다산북스, 2018
김영애 지음, 『자기성장을 위한 성격심리학』, 시그마프레스, 2016
체이스 자비스 지음, 김잔디 옮김, 『인생의 해답』, 비즈니스북스, 2020
김경일 지음, 『김경일의 지혜로운 인간생활』, 저녁달, 2022
조셉 골드스타인 지음, 이재석 옮김, 『조셉 골드스타인의 통찰명상』, 마음친구, 2019
이한용 지음, 『왜 호모사피엔스만 살아남았을까?』, 채륜서, 2020
티모시 옌 지음, 정미나 옮김, 『선택의 심리학』, 프롬북스, 2023
랄프 왈도 트라인 지음, 이희원 옮김, 『조화로운 삶』, 2023
로런 노드그런, 데이비드 숀설 지음, 이지연 옮김, 『인간본성 불패의 법칙』, 다산북스, 2022
짐 아프레모 지음, 홍유숙 옮김, 『챔피언의 마인드』, 갤리온, 2021

에드윈 게일 지음, 노승영 옮김, 『창조적 유전자』, 문학동네, 2023
나쓰메 소세키 지음, 송태욱 옮김, 『마음』, 현암사, 2016
아르투어 쇼펜하우어 지음, 홍성광 옮김, 『쇼펜하우어의 행복론과 인생론』, 을유문화사, 2013
앨런 피즈, 바바라 피즈 지음, 이재경 옮김, 『결국 해내는 사람들의 원칙』, 반니, 2020
제러미 리프킨 지음, 안진환 옮김, 『회복력 시대』, 민음사, 2022
최훈 지음, 『라플라스의 악마, 철학을 묻다』, 뿌리와 이파리, 2010
송숙희 지음, 『일머리 문해력』, 교보문고, 2023
허운 대사 지음, 정원규 옮김, 『생사의 근본에서 주인이 되라』, 불광출판사, 2016
백상경제연구원 지음, 『퇴근길 인문학 수업』, 한빛비즈, 2020
웨인 다이어 지음, 이한이 옮김, 『인생의 태도』, 더퀘스트, 2020
브리지드 딜레이니 지음, 조율리 옮김, 『불안을 이기는 철학』, 더퀘스트, 2023
칼 필레머 지음, 박여진 옮김, 『내가 알고 있는 걸 당신도 알게 된다면』, 토네이도, 2012
로버트 그린 지음, 노승영 옮김, 『오늘의 법칙』, 까치, 2021
필 부아시에르 지음, 안진이 옮김, 『집중력 연습』, 부키, 2023
한스 할터 지음, 한윤진 옮김, 『죽음이 물었다, 어떻게 살 거냐고』, 포레스트 북스, 2023
그랜트 카돈 지음, 최은아 옮김, 『집착의 법칙』, 부키, 2023
이다혜 지음, 『낱말의 양말』, 컨셉진, 2023
이동진 지음, 『이동진이 말하는 봉준호의 세계』, 위즈덤하우스, 2020
이창일 지음, 『수치, 인간과 괴물의 마음』, 추수밭, 2021
패트릭 렌시오니 지음, 김미정 옮김, 『일의 천재들』, 한국경제신문, 2023
벤저민 하디 지음, 최은아 옮김, 『퓨처 셀프』, 상상스퀘어, 2023
청전 지음, 『안녕, 다람살다』, 운주사, 2020
청전 지음, 『당신을 만난 건 축복입니다』, 휴, 2014
대니 듀크 지음, 고현석 옮김, 『큇』, 2022
아르투어 쇼펜하우어 지음, 이동진 옮김, 『사랑은 없다』, 해누리, 2022
황창규 지음, 『황의 법칙』, 시공사, 2023
박민영 지음, 『행복한 중용』, 북스토리, 2006
스티븐 W. 포지스 박사 지음, 노경선 옮김, 『다미주 이론』, 위즈덤하우스, 2020
니컬라 라이하니 지음, 김정아 옮김, 『협력의 유전자』, 한빛비즈, 2022
만프레드 스피처 지음, 박병화 옮김, 『사이버 스트레스』, 알마, 2017
세이노 지음, 『세이노의 가르침』, 데이원, 2023
박완서 등 지음, 『살아보니 행복은 이렇습니다』, 디자인하우스, 2019

나채훈 지음, 『사마의 평전』, 북오션, 2022

Jonice Webb, Christine Musello 지음, 강에스더 옮김, 『정서적 방치와 공허감의 치유』, 학지사, 2018

이다혜 지음, 『좋아하는 것을 발견하는 법』, 창비, 2022

마르틴 부버 지음, 김천배 옮김, 『나와 너』, 2000

김선욱 지음, 『마르틴 부버가 들려주는 만남 이야기』, 자음과모음, 2008

따돌림사회연구모임 지음, 『10대, 소설로 배우는 인간관계』, 작은숲, 2019

이명노 등 지음, 『일 · 관계 · 인생이 행복해지는 인간관계 수업』, 서사원, 2024

윤대현 지음, 『윤대현의 마음 성공』, 민음사, 2014

문요한 지음, 『관계의 언어』, 더퀘스트, 2023

박민영 지음, 『책 읽는 책』, 지식의숲, 2005

이지훈 지음, 『지금을 살지 못하는 당신에게』, 위즈덤하우스, 2023

헨리에테 쿠르트, 사라 파울젠 지음, 강민경 옮김, 『어쩌면 나도 무례한 사람일까』, 필름, 2022

캘리 최 지음, 『100일 아침 습관의 기적』, 다산북스, 2023

웨인 다이어 지음, 정지현 옮김, 『우리는 모두 죽는다는 것을 기억하라』, 토네이도, 2019

월러스 워틀스 지음, 『불멸의 지혜』, 스노우폭스, 2023

올리버 버크먼 지음, 이윤진 옮김, 『4000주』, 21세기북스, 2022

안나 카타리나 샤프너 지음, 윤희기 옮김, 『자기계발수업』, 디플롯, 2022

이문태 지음, 『제5의 탄생』, 도서출판 위, 2023

키스 E. 스타노비치 지음, 김홍옥 옮김, 『우리편 편향』, 바다출판사, 2022

그렉 이건 지음, 김상훈 옮김, 『내가 행복한 이유』, 허블, 2022

데일카네기 지음, 『책상위의 데일 카네기』, 알투스, 2023

윤서람 지음, 『그 사람은 왜 사과하지 않을까』, 봄에, 2023

아르투어 쇼펜하우어 지음, 이상희 옮김, 『쇼펜하우어의 인생수업』, 메이트북스, 2023

김소연 지음, 『마음사전』, 마음산책, 2008

오키 사치코 지음, 정지영 옮김, 『행복한 사람은 단순하게 삽니다』, 프롬북스, 2023

김경일 지음, 『심리 읽어드립니다』, 한빛비즈, 2021

황병기 지음, 『논어 백가락』, 풀빛, 2013

호리우치 야스타카지음, 최우영 옮김, 『인간관계 정리상자』, 생각의 날개, 2023

이요철 지음, 『MBTI 철학자』, 쏭북스, 2021

앤드루 슈툴먼 지음, 김선애, 이상아 옮김, 『왜 우리는 세계를 있는 그대로 보지 못하는가?』, 바다출판사, 2020

비비안 리시 지음, 권진희 옮김, 『하루의 기적』, 유노북스, 2023

김인수 지음, 『삶이 묻고 문학이 답하다』, 연인M&B, 2023
제임스 힐먼 지음, 이세진 옮김, 『나이듦의 철학』, 청미, 2022
클레어 키건 지음, 홍한별 옮김, 『이처럼 사소한 것들』, 다산북스, 2023
밥 프록터 지음, 『위대한 확언』, 페이지2북스, 2022
아르투어 쇼펜하우어 지음, 김운 옮김, 『당신의 인생이 왜 힘들지 않아야 한다고 생각하십니까』, 포레스트북스, 2023
앤드류 매튜스 지음, 김유경 옮김, 『마음 가는 대로 해라』, 데이원, 2022
손웅정 지음, 『모든 것은 기본에서 시작한다』, 수오서재, 2021
나탈리 앤지어 지음, 김소정 옮김, 『원더풀 사이언스』, 지호, 2010
향봉 지음, 『산골 노승의 화려한 점심』, 불광출판사, 2023
돈 미겔 루이스 지음, 『네 가지 약속』, 김영사, 2012
고정욱 지음, 『나에게 나다움을 주기로 했다』, 리듬문고, 2020
댄 설리번, 벤저민 하디 지음, 김미정 옮김, 『누구와 함께 일할 것인가』, 비즈니스북스, 2023
스웨이 지음, 김정자 옮김, 『인생은 지름길이 없다』, 정민미디어, 2022
브라이언 헤어, 버네사 우즈 지음, 이민아 옮김, 『다정한 것이 살아남는다』, 디플롯, 2021
성기철 지음, 『거인들의 인생문장』, 미래북, 2022
앤 이니스 대그 지음, 노승영 옮김, 『동물에게 배우는 노년의 삶』, 시대의창, 2016
유영만 지음, 『한 줄의 글이 위로가 된다면』, 비전코리아, 2015
조세프 응우옌 지음, 박영준 옮김, 『당신이 생각하는 모든 것을 믿지 말라』, 서삼독, 2023
에픽테토스 지음, 키와 블란츠 옮김, 『에픽테토스의 인생을 바라보는 지혜』, 메이트북스, 2019
데일 카네기 지음, 임상훈 옮김, 『데일카네기 인간관계론』, 현대지성, 2019
기무라 나오노리 지음, 이정환 옮김, 『최고의 리더는 어떻게 변화를 이끄는가』, 다산북스, 2018
조코 윌링크, 레이프 바빈 지음, 최규민 옮김, 『네이비씰 승리의 기술』, 메이븐, 2019
애나 렘키 지음, 김두완 옮김, 『도파민네이션』, 흐름출판, 2022
가우르 고팔 다스 지음, 이나무 옮김, 『아무도 빌려주지 않는 인생책』, 수오서재, 2023
발타자르 그라시안 지음, 강정선 옮김, 『아주 세속적인 지혜』, 페이지2북스, 2023
야규 다케토모 지음, 김윤경 옮김, 『오늘부터 내가 결정합니다』, 구층책방, 2020
향봉 지음, 『산골 노승의 푸른 목소리』, 불광출판사, 2023
조극훈 지음, 『가다머가 들려주는 선입견 이야기』, 자음과모음, 2006
김경일 지음, 『타인의 마음』, 샘터, 2022
수잔 애쉬포드 지음, 김정혜 옮김, 『유연함의 힘』, 상상스퀘어, 2023
리차드 칼슨 지음, 강미경 옮김, 『우리는 사소한 것에 목숨을 건다』, 창작시대, 2000
칩 히스, 댄 히스 지음, 김정아 옮김, 『후회 없음』, 부키, 2022

밴저민 하디 지음, 김미정 옮김, 『최고의 변화는 어디서 시작되는가』, 비즈니스북스, 2018

스튜어트 D. 프리드먼 지음, 이은주 옮김, 『와튼스쿨 리더십 특강』, 교보문고, 2020

G. 리처드 셸 지음, 김윤재 옮김, 『와튼스쿨은 딱 두 가지만 묻는다』, 마인드빌딩, 2022

다이애나 홍 지음, 『바인경영』, 일상이상, 2022

최진석 지음, 『노자와 장자에 기대어』, 북루덴스, 2022

스튜어트 에머리, 아이반 마이즈너, 더그 하디 지음, 신봉아 옮김, 『당신의 방에 아무나 들이지 마라』, 쌤앤파커스, 2023

존 스트레레키 지음, 고상숙 옮김, 『세상 끝의 카페』, 클레이하우스, 2023

라이언 홀리데이 지음, 조율리 옮김, 『브레이브』, 다산초당, 2022

장동철 지음, 『제법 괜찮은 리더가 되고픈 당신에게』, 플랜비디자인, 2022

루퍼트 스파이라 지음, 김주환 옮김, 『알아차림에 대한 알아차림』, 퍼블리온, 2023